食在 ‧ 一起
Kaadaadaan 電光飲食記憶誌

maharateng ko 'aredetay o naniloma'ay no mita

記憶味道，訴說我們來自何方

致　愛著這片土地的人

特別感謝

曾才德、陳辛妹、張萬生、吳正福、

彭月英、高美麗、黃久娘、黃春英、

林作楨、潘寶瑩、鄧氏鳳

(按長幼排序)

感謝

張萬生

協助族語翻譯及審訂

感謝 所有守護這片土地並傳承文化的在地居民

攜手成就《 食在‧一起 — Kaadaadaan 電光飲食記憶誌 》

食物文化記憶探尋的在地行動

人們對於食物的味覺記憶，往往牽動、勾勒出不同人群在土地時空之間的移動圖譜，構成既是地方亦是國家的文化風景。然而在東臺灣這片多元族群佇足的土地上，食物記憶更加揭示了歷史命運輪轉下、族群移動交疊間，所充滿強烈根性及文化反省的地域特色。

在今日，殖民歷史的裂痕與市場經濟的助瀾，造就我們對食物精緻化趨之若鶩，卻和早期戮力取得食物的原味，相距甚遠。彷彿忘了什麼是真正原味的我們，在此時此刻感到需要，試圖敲開一段遙遠過往的滋味記憶之磚，迴溯在地耆老的食物記憶之源。每當多問一句，被遺忘的食物名字將有機會再度浮現，然而，每多走一步，那記憶中的食物卻在今日的地圖上，逐一消失。

帶著這樣的關懷，我們開始嘗試與臺東地區的 Kasavakan（射馬干）、Pasikau（巴喜告）、Kaadaadaan（電光）及 Lalauran (拉勞蘭) 等部落／社區的在地工作者形成協力團隊，共同進行在地飲食文化記憶的探尋之路，一一探究時代與環境變遷造就的族群食物記憶與生命故事，並嘗試將其作為部落社區轉化及應用在地知識的資料基礎。

我們在這個美味廉價的年代，望向那個用盡力氣才能取得食物原味的年代，如何再現記憶中的食物，嘗試回復並接續時代、自然環境、族群文化既有的多樣性，使食物重回我們的生活主體，是我們企盼推動的目標。

Kaadaadaan 飲食記憶誌

尋味，一種多元族群融合的土地韻味

位於海岸山脈河階地的 Kaadaadaan（電光），交會來自中央山脈的卑南溪流，造就層次豐富的風土環境。而，各種歷史機緣的遭逢下，卑南族、阿美族、客家人、閩南人，以及來自其他國度如印尼、越南、中國大陸等各族群也陸續在這片河階地的聚落村里上，交匯出多元的食物風景。

本書以當代 Kaadaadaan(電光) 居民與環境、季節互動的時令生活特色為主，回溯 1960 年代以來猶存或瀕臨消失，或者延伸新創的記憶料理，呈現 Kaadaadaan（電光）既傳統又新意的多元飲食文化記憶。

本計畫策劃人林慧珍與 Kaadaadaan（電光）在地協力工作者潘寶瑩（人稱寶媽）合作，夥同在地青年涂裕玲 (人稱土豆)、吳紀昀 (人稱阿紀) 一同採訪紀錄 Kaadaadaan 的食物記憶。針對部落 / 社區長者或中生代進行飲食記憶與料理再現的採訪，從主要族群阿美族與環境時令緊密相連的飲食出發，同時也盡量進行與其他族群互動的生活飲食採訪，總共完成 10 道記憶料理主題。

　　採訪的飲食文化記憶，以圍繞 Kaadaadaan（電光）自 1960 年代到當代的人地與時令互動的特性為主線，向三個地域生活範疇「溪流・漁撈」、「山上・採集」、「聚落・節慶」為主題發展，書寫在這片土地上流動的族群所展現變遷中的文化記憶，包括少數的日治中期即移民至此的客家人，或是自 1990 年代陸續因工作或結婚移入的外籍人士。期間，會發現一些因族群接觸或時代變動而互相影響的料理，像是構樹雄花、醃魚、豬血肉湯等，也會發現幾道可遇不可求的傳統料理，及其背後的在地知識，有著隨環境變遷面臨可能消失的危機，促使部落／社區的人思考，如何將值得推展的飲食文化記憶持續，如保留置入文化成長課程，或融合新創嵌入既有規劃的農村生活體驗。

回到日常

　　生活在當代斷裂的語彙及為多元紛雜訊息切割了的我們，要如何能將傳統社會且不斷變遷的語言與文化經驗裡，有意識地接住那祖輩傳遞的土地邏輯與精神，延續於現代的形式，回到日常之中？

　　食物是生活的核心，然而食物不只是食物，也是連結各種關係（歷史的、族群的、環境的）、記憶、語言與邏輯的行動媒介。回頭檢視復現傳統飲食記憶的過程，最終端看能夠接住的邏輯與精神會是什麼，以及如何有意識地將之延續、實踐於日常，無論是藉由回復傳統做法的練習，抑或融於現代形式的傳達。如何能在這個有心實踐卻仍然面臨日漸消失的現在進行式中，更進一步提高意識並持續實踐於生活、改變環境，是需持續關注及努力發展的課題。

東台灣研究會

【地方原味記憶＠臺東】計畫團隊

※ 本書承蒙國家文化記憶庫補助計畫支持，及國立臺北藝術大學藝術社會實踐中心支持出版。

記憶味道，訴說我們來自何方

■

一道很久不見的 monamon（醃魚）記憶牽出了卑南溪，一一辨識出 kasedaw/fu^fu（魚筌）放置的地點、mikesi（河祭）的傳統領域，又或撒下的漁網搜羅出一條條支流的名字。每個名字的背後，都有個人、有件事、有歌聲、有用途、有時代、有生活，還有動物的聲音、植物的婆娑。

Kaadaadaan（電光）的長輩們，對溪流的記憶像是長腳般輕易地溯行而上，從下游走到上游，翻越山稜，訴說山上產業、住居的遺構，以及作為建材、器材、食材的動植物們，接著來到另一條溪流，哼唱地名歌，沿著流瀑嘩啦般的聲響匯聚而下。如此熟悉、如此根著在這片土地上，擁有著身體生活經驗與環境互動的記憶所建構的在地知識，那好像是離開土地很遠的我們這一輩，感到某種匱乏的內涵或者能力。

進行這樣的調查與書寫，起心動念十分單純，便是希望在時代與環境的快速變遷下，找回曾與其緊密連結的飲食生活在地知識，恢復食物與環境生態的多樣性。然而每個地方，因著族群和地理的不同，形成各自的生活系統，也在歷史命運的牽絆下，淬煉出生命的火花、地域的獨特。

Kaadaadaan（電光）雖有 7 成阿美族人口，然而飲食上，卻開闊包容了各地來到這裡生活生存的記憶，有著自己習以為常的口味與做法，但也有著不同年代遷徙與融合造就的滋味。像是客家伯姆們定要在過年和清明之前做粄敬神祭祖，也有來自中國廣西的媳婦定要種上自己熟悉的食材，做出自己的家鄉味。但是，也有歷經出外做工時期的 faki、fayi 們，帶回遠方朋友相知相惜的料理滋味；抑或是，阿美族人常吃的 siraw(醃肉)，也有出自早期來

到電光生活的外省、客家阿伯們的手藝，或是客家粄食的好味緒為閩南媳婦所承傳。

記憶這些味道，彷彿更認識了這個地方，也促使我們回看自己，來自何方。珍惜，人地互動而來的美好滋味。

—— 林慧珍

■

生活中、記憶裡、成長過程中，什麼食物的味道是讓人想念的？是想念那味道？還是想念味道當時的情境，是溫馨、是歡樂、還是愛的感受？

在電光這個多元族群融合的農村，有客家、阿美族、閩南、逐漸不復見的外省伯伯，因應獨居長者開放的外籍看護等等，都讓我有機會認識，甚至品嘗大家的料理。小時候住在宜蘭，記得火車站旁有很多外省伯伯開的燒餅店，用鐵桶烤出的燒餅是我念念不忘的味道。那是小學五年級之前和父母住在宜蘭的歲月，後來因為母親離世而搬家。再回去，除了找不到那曾經記憶中的味道，也只能在記憶中思念母親的身影。在《螢火蟲之墓》中看過一個令人心酸但感動的場景：因為戰爭失去親愛的家人，後來在地窖中翻找出母親醃漬的梅子，當吃到母親親手醃的梅子時，想起曾經的幸福時光。有回憶、有想念、有感動。

在傳統食材的料理過程中，讓我們想到過去的記憶，體會現在的幸福，期待未來的美好，更感受到與先人料理智慧的延續及傳承。

這麼豐富的美食及人生故事，因為不想等到失去才珍惜，更不希望農村裡的任何一項作物變夕陽產業，趁著還有機會紀錄的時候，找出那生命中重要的味道，記憶，然後永遠留存並延續。

—— 潘寶瑩

■ 序

■

　由於自己本身是客家人，在參與電光的飲食採集過程中，最吸引我的是早期阿美族與客家人的相處互動。有機會觀察彼此如此不同的生活習俗，例如早期客家人拜拜做戲時，阿美族的小孩一旁看著熱鬧，也望著那些祭桌上的食物期待著；阿美族年祭時，客家人也共享祭典的熱鬧，就這樣一起生活慢慢融合成現在的電光。這樣的多元族群混居是臺東二次移民的時代縮影。

　然而，飲食習慣隨著時間與環境慢慢調整或消失不見，像是費工麻煩的客家粄食「假柿仔」或是已經少見的阿美族「monamon(醃魚)」，在這次計畫的訪談與紀錄中被一一收錄，也為電光曾經存在的味蕾故事封存留底，期待這份成果能為電光的未來創造更多可能。

—— 涂裕玲

■

　「今天要吃什麼？」榮登大家每日最難解的問題之一。然而，面對我們每日的飲食，如何吃？為什麼吃？為什麼會這樣料理？似乎也因習以為常便不再過問。

　有幸參與了電光部落飲食文化記憶的調查，可以有機會深探其中的歷史脈絡與區域資源紋理。起初的想法很簡單，趁著部落的 faki、fayi 還記得怎麼做這道料理的時候，趕快把它紀錄下來，希望這些具有傳統文化的老菜譜不要失傳。但隨著越深入調查越發現，原來一道料理的消逝，不是只有傳承的困難，反而可能是面臨更大的環境議題：氣候變遷、物種消失、動物飲食習慣的改變與遷徙。

　食物，牽繫著在地人與人之間的情感與歷史。吃，更成為文化的一部份。透過飲食，我們可以瞭解當下的時空背景與脈絡，形塑出屬於在地的文化記憶。而希望這些記憶，透過紀錄、透過生活，可以不被遺忘。

—— 吳紀昀

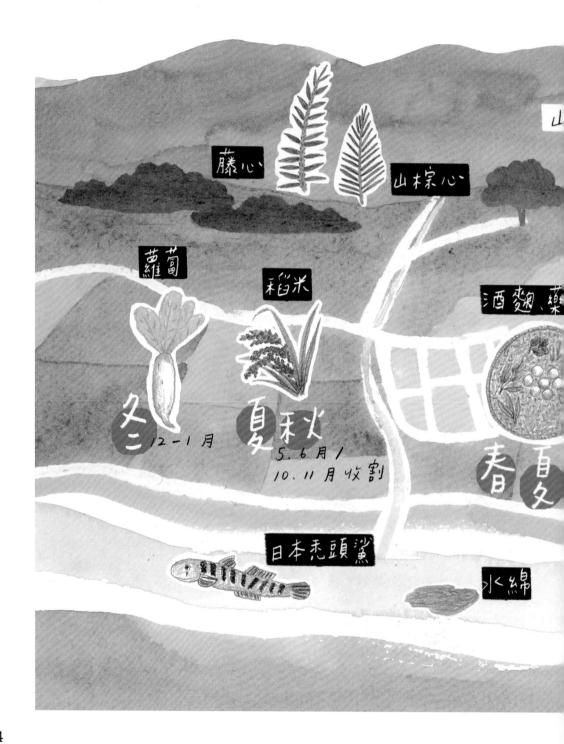

藤心

山棕心

蘿蔔

稻米

酒麴、藥

冬
12-1月

夏秋
5.6月/
10.11月收割

春 百
冬

日本禿頭鯊

水綿

構樹公雄花

春 3、4月開花

客家聚落

聚落

米需米

家者

Kaadaadaan
電光部落
時令食材地圖

卑南溪

15

地圖絮語

多元的時令料理

　　依山傍水的 Kaadaadaan（電光），在地居民的生活依著不同的區域時節有著不同的飲食生活樣貌。藉由長輩們的口述，簡要描繪出飲食記憶中的食材分布地圖，實際上不僅只於聚落生活，也涵蓋了周邊的溪流及淺山的生活環境，道出早期人們懂得與山林、溪流、時令及氣候相處的傳統智慧。

　　以阿美族為主的 Kaadaadaan（電光）部落／社區，自古以來主要糧食以稻米為主，一整年的聚落生活也主要圍繞在種稻的時令上。現今種植的稻米，一年收成兩次，第一期 1 月中旬至 2 月中旬插秧，6 月收成；第二期為 7 月上旬至 7 月下旬插秧，10 月下旬至 11 月中旬收割。傳統上會在一期稻作收割後舉行 malikuda（年祭）慶祝收成並祈求未來豐收。二期稻作收割後，稻田會種植油菜花與蘿蔔作為綠肥。12 月至 1 月冬季期間即為蘿蔔與油菜花的產季。當地人除了直接煮食新鮮蘿蔔之外，村里所在的廣興聚落客家人也會將蘿蔔醃製成「蘿蔔乾」以延長保存。而嫁到電光的中國媳婦，廣西瑤族人，則會將蘿蔔葉醃製作成「酸菜」。秋冬也是野菜豐盛的季節，龍葵、昭和草、苦苣菜、山棕心、藤心、野莧、山苦瓜、牧草心等，阿美族人會採集煮成野菜湯。

到了春天 3、4 月，氣候溫暖濕潤，各類竹筍、過貓蓬勃生長，構樹也開出雄花，成為季節限定的料理。客家媽媽也在此時會將竹筍醃成筍乾，阿美族人則會醃成酸酸辣辣的 misasirawan a tefo (酸筍)。雨水漸豐，溪流水量漸大，早期阿美族人會帶 kasedaw (魚筌) 在卑南溪邊裝置捕撈漁獲，也會在溪底撈取 damay (水綿) 成為一道料理，而現在已相當少見。

步入夏初之際，製作酒麴的植物生長繁茂，是開始採集用以製作酒麴的時刻到來，等正式進入夏天，伴隨收成後的年祭時節，正是適合做酒的時候，慶祝豐收。而 7、8 月舉行的阿美族年祭之中有 mikesi (河祭)，儀式上年輕階級負責到溪邊捕魚，並煮魚湯讓長輩享用，亦為成長訓練環節之一。年祭中亦有重要的豬隻祭祀、分肉儀式，以及祭祀後的共享— irang no diyong(豬血肉湯)，成為重要的傳統祭典料理。

Kaadaadaan (電光) 的一年四季，依循著各種不同食材的生產時節，也在不同族群的互動交融下，呈現多元繽紛的時令料理。

今日電光聚落樣貌（拍攝／陳君明）

關於 Kaadaadaan 電光 [1]

　　電光，今指關山鎮電光里，為一行政村里，位在海岸山脈西側的山麓，和
臺東關山鎮隔著卑南溪遙遙相對。其範圍是北以嘉武溪與池上鄉為界，東以
海岸山脈的山稜線與東河鄉為鄰，南以濁水溪與鹿野鄉為界，西以卑南大溪
與月眉里為鄰，為關山鎮面積最大的一里。

電光里面積雖大，人口密度卻是關山鎮最低，地形上僅有山麓地帶的狹地和沿河的河階地適宜墾居。清同治末年至光緒初年恆春阿美族北遷東部縱谷區時，其中所建立的部落之一，便是在卑南大溪的最大河階地上所建立的「雷公火社」(Kaadaadaan)。根據 Kaadaadaan（電光）頭目張萬生之言，此社名源於阿美族人所在地最初為卑南族傳統領域時，其用於指稱本社之名。名稱中的「ada」是敵人的意思，由於管轄的卑南族要這裡的阿美族人納貢，因此這裡的人就稱卑南族「adaada」，意思是我們的敵人。於是在阿美族人就指這個地方稱為「Kaadaadaan」—有我們的敵人的地方。Kaadaadaan 成為阿美族人為主的聚落，位於今村里市街中心地區，日治時期稱此地名為日出，戰後改稱中興，現約有 7 成阿美族人口。

1966 年電光里街道，當時整建為示範社區

註[1]　參考整理自施添福、王世慶等編著，1999，《臺東縣地名辭書 卷三：臺東縣》，南投市：臺灣省文獻委員會編印，頁 149；張萬生編著，2008，《電光石火—電光部落文史紀錄》，臺東：臺東縣關山鎮電光社區發展協會，頁 9。

今所稱「電光」，主要是在戰後規劃行政村里時，沿用舊地名漢字雷公火（清代稱雷公火社、日治時期屬雷公火大字）。電光里境內轄有中興（日治時期稱「日出」）、廣興（日治時期稱「咖啡會社」）、東興（日治時期稱「三農場」）、嘉武、南興（日治時期稱「下農場」）等小聚落。廣興聚落有約 2 成客家人聚居，自日治中後期產業移民而來。

　　日治昭和時期，東臺灣咖啡產業株式會社曾在此區山坡地進行咖啡的栽培，並自新竹州招募移民，引入大量工作人力，本地雷公火社阿美族人也成當然勞力。當時三農場（今東興）、咖啡會社（今廣興）及下農場（今南興），為農場事務所及移民家屋的設置之處。咖啡會社以移入的客家人為多，直至今日改稱廣興的聚落依然。不過，戰後咖啡園缺乏經營便停頓廢棄。而 1950 至 1960 年代因高經濟作物香茅草的栽培，吸引大量西部移民上山來，使得廣興、中興、南興等地人口大增，以閩、客、平埔族為多。不過 1970 年後，香茅

1985 年進出電光部落需行走獨木橋或靠竹筏跨越卑南溪

20

油價格大跌，後改種甘蔗，但 1970 年代末期糖價也跌，加上西部工業發展有較多工作機會，許多移民紛紛離去，廣興聚落一帶僅剩少數客家人居住。近年客家人也多移入中興，較靠近市街，廣興只剩幾戶人家。而自日治到戰後以降亦有為數不少的閩南人移居，約佔 1-2 成左右，居住中興為多，少數在廣興。

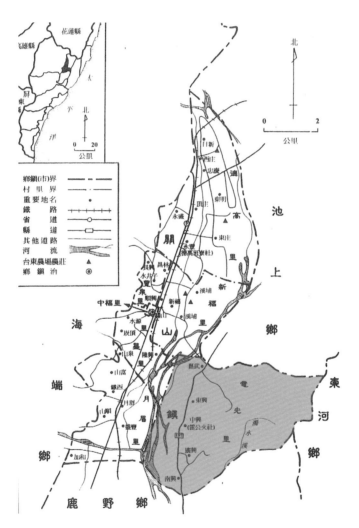

註² 資料來源：施添福、王世慶等編著，1999，《臺東縣地名辭書 卷三：臺東縣》，南投市：臺灣省文獻委員會編印，頁 149。

micadiway to futing i 'alu

溪流・漁撈

卑南溪消失中的味道

　　倚卑南溪而居的 Kaadaadaan（電光），溪流生活對早期居民而言是相當重要且密不可分的一環。在人地互動尋求生存間，也逐漸發展出對溪流地形環境的認識與善用環境智慧的謀生技能，並持續在身體經驗與口傳之間流傳下來，成為重要的生態傳統智慧。

　　對 Kaadaadaan（電光）的阿美族長輩而言，像是每一條溪流都有它的名字與故事，哪些地方有哪些資源可採集使用也非常熟悉。如以竹子、稻草、芋頭葉搭設 tafa、tada（上下游河灞）以使用 sawakak（魚藤）捕魚；或以藤編製 kasedaw（大漁筌）或者 fu^fu（小漁筌）放置急流區收成漁獲；辨識乾淨的 damay（水綿）撈取料理或是製作 monamon（醃魚）以保存食用等，皆是逐漸發展出屬於居住縱谷溪流區域的阿美族，經與環境互動、與不同族群文化相借所形成的傳統智慧。因之而發展出 Kaadaadaan（電光）阿美族人重要的 mikesi（河祭），在儀式的過程中，傳達溪流自然力與族人的關係，透過跨年齡層的共同合作，傳承善用自然環境生態的傳統智慧。

　　然而時代變遷，卑南溪主流沿岸堤防因水泥化及限縮河道，使溪流的生命產生改變，魚蝦蟹的棲息地減少，同時也可能因為部分慣行農田的農藥汙染、外來種魚類的放養，導致既有魚蝦蟹類的生物資源越來越少。倚賴乾淨水源的 damay（水綿），只有在更上游的溪谷中才能覓得。而 Kaadaadaan（電光）阿美族人除了環境改變之外，社會變遷也影響著相關儀式的簡化，與傳統漁撈相關的知識與能力變得不易傳承。過去日常熟悉不過的溪流食物與料理風味，也逐漸因食材難以取得而消失在餐桌上。

masadangah

tingalaway

sa

血桐

ci'te

kanafuduan

電光橋

水蛭

ci'widian

masadawan

m

兩溪交會

苦花

citemeng

河桀搭草棚lalung範圍

miawatan傳統領域

水綿

paymele

24

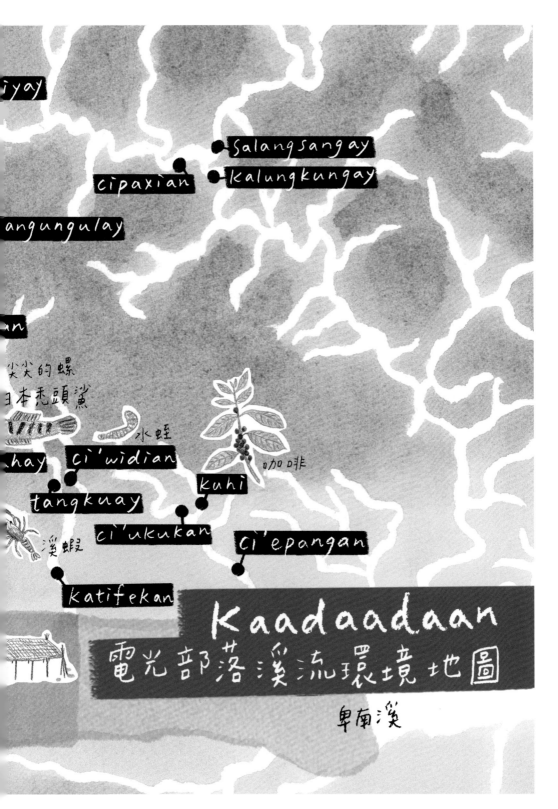

iyay

Salangsangay

cipaxian

kalungkungay

angungulay

尖尖的螺

日本禿頭鯊

水蛭

ci'widian

咖啡

kuhi

...hay

tangkuay

ci'ukukan

ci'epangan

溪蝦

katifekan

Kaadaadaan

電光部落溪流環境地圖

卑南溪

早期溪流印象與傳統地名

　　傳統上，Kaadaadaan（電光）阿美族的溪流生活領域，約莫於海岸山脈獨流溪嘉武溪以南、濁水溪以北為範圍，對部落的長輩來說，生活周遭的每一個地方每一條溪流都有它的名字和意思，是從上一輩一路口傳下來。地名以最一開始的發現而命名，之後有了新的地方新的事物或狀態，又會有那一輩發現的人為之命名。此透過張萬生頭目的口述，描繪出早期對於溪流的印象與傳統地名。這個印象，約莫是在 1992 年電光大橋完工前的樣貌，因在之後相關的工程設施讓溪流面貌與道路景觀有了較大的改變，部落與溪流的生活也不如以往的緊密。

▌順序自北而南、下游至上游

⊙ Paymeleng（溪名）

卑南溪

⊙ kanafuduan（溪名）

嘉武溪，Masadangah 與 Tingalaway 兩溪匯流處，往下游流入卑南溪。

⊙ Masadangah（溪名）

自電光橋向所在溪流望去，為三座山匯流之地，因形似阿美族傳統煮飯的三石爐灶而得名。

⊙ Tingalaway（溪名）

水很清澈之意。

⊙ Citemengan（溪名）

此地溪口有湧泉，因有一種水鳥的叫聲「temengan」而得名。其上游 Masadawan 和 Makrahay 兩溪匯流處易有 'afar(溪蝦) 棲息。

⊙ Makrahay（溪名）

krahay，有退潮之意，或沒有水的意思。此溪往上游 50 公尺內有種 'adawasay(一種樹的名稱)，4 月會開花，5、6 月間結果。果實可食，食用後牙齒嘴唇會呈褐色。早期附近有山棕、黃藤及構樹等，溪流中會有一種會吸石頭的魚，阿美語稱 mamuesay (鰕虎科)，以及 'alutuc (尖螺)，現在已十分少見。

⊙ **Ci'widian**（溪名）

widi 意指水蛭，因水蛭而得名。

⊙ **Ci'teka'an**（池塘名）

因為有許多青蛙，發出 teka 的音，故而得名。

⊙ **Tangkuay**（溪名）

Tangku 是指日治時期的水庫 (原有三個)，現已不存。

⊙ **Kuhi**（溪名）

往咖啡山 (舊稱 Makeput) 的方向的溪。kuhi，即咖啡之意。

⊙ **Ci'ukukan**（溪名）

從前清兵打仗時，有個叫 uku 的人帶 Kaadaadaan 部落的老弱婦孺到這邊躲藏，因此就叫這邊的山和溪的名字「Ci'ukukan」。

⊙ **Kalungkungay**（溪名）

為 Cipaxian 和 Salangsangay 兩溪匯流處，往下游濁水溪匯流至卑南溪，因水流很大將石頭捲起時會發出轟隆轟隆的聲音，而得名。

⊙ **Salangsangay**（溪名）

因有瀑布流水的聲音而得名。

⊙ **Cipaxian**（溪名）

因過去此地有位叫 Kayfu 的人會騙人、玩弄把戲，因此以 paxi (魔術) 來稱呼，此溪也因而得名。

⊙ **Safakiyay**（溪名）

Cipaxian 溪的上游支流，此處有許多用來製作木屐的 lifuh 樹種，而稱 fakiya (木屐)，因而得名。

⊙ **Tangungulay**（溪名）

Cipaxian 溪的另一條上游支流，此地因為有很深的峭壁而得名。

⊙ **Ci'epangan**（溪名）

部落族人中有位叫 ciepang 的祖母輩在耕地時唱歌很大聲，大家因此稱這條溪的名字為「Ci'epangan」。

⊙ **Katifekan**（地名）

為水車利用卑南溪水力帶動碾米的地方。

mikesi 河祭 [3]

2019 年部落 mikesi（河祭），於 lalung（草棚）前以菸、酒、檳榔和魚湯祭祀祈福。

    mikesi（河祭）是 Kaadaadaan（電光）阿美族每年在農忙收穫後舉行 malikuda（年祭）中重要的一環，也是臺東縱谷區域阿美族少見的儀式。舉行 mikesi 的用意在於洗淨一年來所有晦氣和不愉快的事，將之付諸流水，如溪流般沖刷消逝，以迎接新的開始。也因此通常在 malikuda 的第三天舉行，在第一天的祭祖祈福、第二天的宴請賓客後，開始 mikesi 的準備，到第三天儀式活動的去厄招福，迎接嶄新的一年。這一日特別慎重，有女性不能參與的禁忌，即便外人也需經過頭目同意之後，才能靠近。mikesi 結束後，隨即進行成年禮，慶祝新入級的青少年 Pakarongay 成為大人，成為 kaput（年齡階級）的最下一層。承先啟後，傳承意味濃厚。

註 [3] 參考整理自張萬生編著，2008，《電光石火—電光部落文史紀錄》，臺東：臺東縣關山鎮電光社區發展協會，頁 54-85。

部落河祭的傳統儀式及變遷

在 mikesi 的傳統儀式中，必須花費將近兩天的時間，共同完成捕撈漁獲、依階級分工在卑南溪的 miawatan（傳統領域）施作 mikesi 相關的前置準備，以及當日舉行的儀式活動。

所有的前置準備與當日儀式，各 kaput（年齡階級）的男子各司其職。Malikuda（年祭）第二天午後 Kapah（青年組）負責採 sawalak（魚藤）並取其汁液，並於卑南溪段中搭設 tada（河壩）。捕魚地點多位在靠月眉里方向溪段，但依每年溪流情況調整。Pakarongay no Ilalungay（長青組的實習階級）則在卑南溪床灘地上就地取材，搭設 lalung（臨時草棚），提供 Ilalungay（長青組）第二階級以上者休息用。Mikomoday（總務組）負責準備當日晚餐與第三天漁獲料理。Mihiningay（憲兵組）除了見習觀摩 Mikomoday 的準備事宜外，主要準備酒，供應第三天漁獲料理依階級傳遞時享用。

2019 年部落舉行 mikesi(河祭) 中共享魚湯。(拍攝 / 黃瀚)

當時間來到了第三天凌晨 (即午夜整點) Kapah 開始於溪中搭設的 tada 進行漁網放置。凌晨 2 點左右於上游河壩鋪放稻草和芋頭葉，將水流完全封堵 (此稱 tafa)。凌晨 4、5 點 Kapah 開始將 sawalak (魚藤) 汁液倒入水中，使魚迷醉浮出水面後，開始撿拾漁獲。最大最新鮮的漁獲優先由在 sefi (部落廣場會所) 的 Iseflay (長老組) 享用，其餘則煮成魚湯供應所有參與者用餐。其間的傳訊、運送到用餐後的帶頭唱跳，主要由 Pakarongay (實習階級青少年) 負責。用餐後各階級依序圍舞唱跳並離開會場，最後由 Kapah 繞著 Mihiningay (憲兵組) 以上階級跳護衛舞 (palaylay)，一路回到 sefi。由 Iseflay (長老組) 針對當日河祭狀況訓話與勉勵作結。

　　傳統 mikesi 在整體儀式的前置與活動進行的過程當中，需要所有階級的角色分工，及大量人力的共同合作，也因此在這過程中達到跨年齡層的凝聚力與對部落的向心力，並透過身體力行傳承了溪流知識和傳統漁撈的能力。

今日 lalung 搭建的樣貌。(拍攝 / 黃瀚)

年輕階級在卑南溪撒網捕魚

年輕階級在卑南溪檢視漁獲

　　現今的 mikesi 受時代與社會變遷的影響，諸如人口減少、儀式式微、自然環境改變等，部分執行過程與內容已簡化，少了搭設 tada （河壩）及使用 sawalak（魚藤）捕魚的環節，其他如唱跳、傳訊及溪邊工作、返回部落等過程仍保留下來。然而由 Kapah 階級負責的傳統漁撈工作所具備的在地知識、技能與團體協力合作等能力，則因此中斷，較為可惜。

難以重現的
monamon 醃魚

寫在前面：卑南溪看不到的 monamon

部落德興雜貨店各式各樣的 takidid
(拍攝 / 吳紀昀)

　　在採訪記錄 Kaadaadaan (電光) 飲食記憶的田野工作期間，團隊打聽到部落雜貨店有在販賣魚 siraw(醃魚)，據說是許多部落的年輕人在外地念書、打拼時一定會帶上一罐的家鄉味。於是工作團隊一行人興高采烈地前往雜貨店，進門一看見親切的老闆便興奮地問道：「fayi，聽說你這邊有在賣魚 Siraw。」

　　老闆看來完全不知道我們在講什麼，「什麼魚 siraw ？ siraw 就是 siraw，醃的是豬肉。」

　　我們一臉狐疑，難道是線報有錯？馬上解釋，「聽說有用魚肉做的，跟 siraw 的做法一樣，把魚醃熟就可以直接吃的那種。」

　　「喔！有啦！不過我們不叫它魚 siraw，我們叫它 takidid。」老闆終於明白我們在說什麼，隨即指著一旁的貨架，上頭有著一整排各式各樣的醃漬物，包括琳瑯滿目的醃魚製品，依各品種、身體部位分類裝罐。老闆於是特別解釋，「這個是醃魚卵，我們叫他 wawa 或 fita'ol，醃魚腸 tinai，醃魚頭 fongo'h，飛魚我們叫 kowaw，海線的說法會叫 kakahung......。」

「fayi，這些都是你做的嗎？都是自己抓的魚嗎？」見到傳說中的料理，我們像挖到寶一樣，想要問老闆更多關於這道料理的故事。

「沒有啦！溪裡面都沒有魚了，這些魚都是從成功來的。雖然溪裡面沒有魚了，但是部落的人還是會想吃醃魚，所以就去拿成功的魚。」

「所以是用成功的海魚回來自己做嗎？」

「不是，海魚跟溪魚的做法不一樣，我也不會。而且因為海線他們到現在還有在吃，所以就跟他們買回來。」

一旁協助我們翻譯的張萬生頭目，則深有感觸地說：「以前用的魚是溪裡面的魚，我們叫monamon（醃熟的溪魚），小小一隻大概跟小指頭這樣大而已，但是後來卑南溪因為污染，以及被放入溪哥這種外來種的魚，原有的魚種都已經看不到了。」

聽頭目說完，不由得悲從中來，一道料理的消逝，不是只有傳承的困難，面臨的卻是更大的環境問題。

「部落裡還有一位耆老知道怎麼製作monamon魚用的kasedaw（魚筌）。」

訪談電光部落雜貨店老闆娘潘春仔

頭目突然的一席話，頓時將我們從失落的情緒中提升上來。是不是還有機會再現這道料理？！如果在別的地方也能找到同類的溪魚魚種，是不是還有機會能記錄這一切？！我們的飲食記憶探尋之路將會繼續走下去……。

monamon

醃魚 。

monamon，醃熟的溪魚，是 Kaadaadaan（電光）早期阿美族人在溪流捕撈漁獲之後，針對特定的魚種以鹽醃製保存而成的食物，通常用來煮湯或直接配飯吃。monamon（醃魚）有強烈的生醃海鮮風味，對口味相對城市化的年輕一輩來說不一定習慣，卻仍是現今部落長輩們熟悉且想念的味道。

　　部落中少數仍會自己製作醃魚，甚至也會製作傳統的 fu^fu 或 kasedaw（大小魚筌）並使用其捕魚者，為部落中第二年年長之耆老 Haruo 曾才德。曾才德說過去時常去卑南溪捕撈，每當漁獲量大，魚吃不完，通常會將某些魚類醃製保存，這樣可以隨時配飯吃。然而約莫 1980-1990 年代左右，堤防建設，地方政府施放外來魚種，隨著環境變遷，原生魚群也因外來種入侵而逐漸消失，他便很少有機會捕到魚，更不用說 monamon（醃魚）這道料理。曾經有段時間他想吃的時候，還是會特別跑到市場去買魚回來醃。只不過現在連在市場，也很少看到以前常吃的魚種了。

Haruo Malulang
曾才德

　　曾才德，阿美族名 Haruo Malulang，1935 年於 Kaadaadaan（電光）出生，現為部落第二年長之耆老。清朝時期，約莫 1807 年，曾才德的曾祖父輩從池上來到電光開墾，因為這裡水源豐沛，適合種植，從前種植區域的地名即稱為「Citemengan」，意指有泉水地方。當時家族便在電光溪畔邊約 1 公頃半多的土地種稻，務農定居。

　　曾才德的曾祖父 Asaw 在 Kaadaadaan（電光）歷史傳說中佔有一席之地。1860 年卑南族人來到 Kaadaadaan，要以比賽方式爭取資源，要求 Kaadaadaan

部落耆老曾才德口述其醃魚記憶

進貢。部落派出 3 名代表出來比賽,其中一位即是 Asaw。而最後獲得勝利,讓族人免於向卑南族人進貢。而在 1870 年抵抗清兵入侵的雷公火之役中,除了眾人拉牛車到卑南溪取石頭齊心建立圍牆外,部落族人 Kaday 發明竹砲、夜點火把,誘使清兵彈藥用盡。當時 Asaw 擔任作戰指揮官,第 1 個翻過圍牆上戰場,砍殺清兵與其坐騎,最後凱旋歸來。

曾才德於 16 歲時與瑞豐出生的阿美族 Pipi' 陳辛妹結婚。爾後兩夫妻一同到北部龜山的磚窯廠工作打拼。因著工廠自動化轉型的緣故,曾才德於 64 歲時退休,兩人一同回到電光居住,一輩子可說幾乎都在外地生活。

然而自兒時便在卑南溪畔旁長大的曾才德,生活與溪流密不可分,對小時候經常到溪中捕撈、採集的記憶猶新,包括如何採集、削製竹子、黃藤來製作 kasedaw/fu^fu（魚筌）、farid（竹筏）,並使用傳統漁法捕魚,採傳統醃製方式醃魚等。即便晚年才回到部落長住,這些是他一輩子不會忘卻的身體技藝。爾後成為長青階級耆老的他,也在部落中將這些知識、技能傳授給部落年輕一輩的階級。

曾才德至今仍認為,monamon（醃魚）是最美味也最懷念的食物。然而無論是 mamuesay 或是 hara（鰕虎科魚種）現今在已被汙染的卑南溪中很難見到了。即便現在部落內的雜貨店賣著來自成功比西里岸的 takidid（醃海魚）,但是因為魚種不同,口感及味道也不盡相同。「那不是 monamon,還是 monamon 最好吃啊!」

Paymeleng 卑南溪

卑南溪為臺東縣境內唯一主要河川，主流源出中央山脈關山，上游稱新武呂溪，向東向南流貫花東縱谷平原，最後於臺東市注入太平洋。卑南溪約中游流經 Kaadaadaan(電光) 所在聚落，阿美族稱溪名為 Paymeleng，傳統生活領域約在海岸山脈西側支流匯入卑南溪的嘉武溪以南和濁水溪以北之間。

在長輩們的記憶中，溪流中有尖尖的 'alutuc (螺)，也有乾淨的 kasienaway (水菜)、damay (水綿)，有 futing (魚)，也有 'afar (蝦子)、kalang (螃蟹)，而溪床邊長著為數不少的野菜，與各種樹上結的果實。早期農村時代放牛通常是農村孩子的例行工作之一，長輩們回憶，通常也會來到卑南溪畔放牛，除了早早把便當吃完外，也會隨身帶著鹽，隨手捕撈魚蝦後，在溪畔生火煮食。

早期臨溪生活密切的人家，自然發展出善用環境的智慧與技能，例如使用魚藤讓魚昏迷，運用藤竹編製的 kasedaw 或 fu^fu (大小魚筌) 進行漁撈，以及撈取乾淨的 damay (水綿) 與製作 monamon (醃魚) 保存食用等，這些皆屬於居住在溪流區域的阿美族人的傳統知識。

然而隨時代與社會變遷，1980-1990 年代卑南溪的水泥堤防建設，農田藥量增加，加上上游電魚行為，溪流生態因此改變，如今魚蝦蟹類與水中植物等過去經常漁撈食用的生物，已越來越少見。

位在 Kaadaadaan (電光) 旁的卑南溪溪床

流經 Kaadaadaan（電光）的卑南溪

適合做醃魚的 mamuesay（鰕虎科）

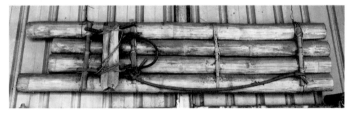

曾才德家中自製的 farid（竹筏）

曾才德家中自製的 kasedaw（魚笙），為部落少見之傳統捕魚器具

39

kasedaw 魚筌的製作與漁撈

曾才德說，雖然他已 20 多年沒捕魚了，但漁具保存仍相當完好。kasedaw (魚筌) 或許還記得怎麼做，但年紀大了恐怕也難以再現早期的漁撈方式。此次重現 kasedaw (魚筌) 的製作與捕撈，由頭目張萬生和吳正福 (人稱 Kapi 阿公) 來示範，也教授參與的青年學子們。

kasedaw (魚筌) 製作

kasedaw (魚筌) 為黃藤和竹子絞織縛紮成漏斗狀的大型漁撈器具，其功用在於使魚蝦蟹類進入後無法游出去而被捕獲。kasedaw 的製作主要有三項工序 : 1. 黃藤採集與處理；2. 竹子採集與處理；3. 竹條與黃藤條絞織縛紮。

1_ 黃藤採集與處理

① 上山採集黃藤 : 從向陽的尾端循線找到生長的頭部之處，確認整段方便拿取後，再以刀砍取，以免造成浪費。將尾端鉤刺削除後，全條綑成圈狀帶下山。

將掛在高處向陽的黃藤尾端取下，
同時循線將長在地上的頭部砍下。
（拍攝 / 吳俊諺）

因黃藤尾端表皮有鉤刺，需邊削除鉤刺，邊以眾人之力將整條黃藤拉下來。(拍攝／吳俊諺)

② 除了較細之頭部段需預留一段做固定圈外，將其餘段剖半，一半留做固定 kasedaw (魚筌)主體竹條用，另一半則用刀剖成 3 等份，且稍微去掉 1/3 肉後，將之日曬一至兩周。

③ 藤條曬乾後，修藤成需要的寬度和厚度。藤條為絞繞固定竹條用，需保留一定的寬度及厚度。

④ 處理完成後放置乾燥通風處，待要編的前一晚放入泡水泡軟較好編。

綑成圈狀貌

微削平突出的節、剖藤。(拍攝／吳俊諺)

2_ 竹子採集與處理

① 上山採集莿竹或麻竹：莿竹是一種高大密集叢生的竹子，周邊長有像刺般的枝條。採集時需先將周邊的有刺枝條清理，再於下方接近根部處以鋸子鋸下。另也有人採集麻竹來製作。

② 竹子採收後，將之日曬風乾。

③ 將竹子依雙手張開的長度鋸成一段一段，即為製作 kasedaw（魚筌）的高度（一般約 170-180 公分之間），並剖成 16 等分（欲做 kasedaw 主體段者不完全剖開，竹子一端需預留約 20 公分左右；其他段可完全剖開，預備加條用）。

去節、剖竹

以鐵絲固定藤圈

3_ 竹條與黃藤條絞織縛紮

① 取黃藤較細的頭部段，兩端削薄合併固定成一個圓圈。

② 將欲做 kasedaw (魚筌) 主體的竹子段預留 20 公分的一端先以藤皮纏繞固定，避免續裂至頂端；將另一端已剖開的 16 根竹條平均垂直固定在圓圈上 (以鐵絲絞繞固定竹條和藤圈)

完成竹藤絞繞固定成漏斗狀的 kasedaw 骨架，
旁邊置妥泡水後的藤條與竹條備用。
(拍攝 / 吳俊諺)

③ 將較長及半條粗的藤條一端固定於 kasedaw 頂端 (魚筌漏斗狀尖處為頂，寬處為尾端)，順勢一圈一圈圍繞竹條漏斗狀體至尾端，並控制形狀為上窄下寬。

∧ 將藤條固定於魚筌頂端。
(拍攝 / 吳俊諺)

∨ 順勢一圈一圈圍繞竹條漏斗狀體至尾端。

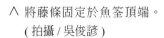

43

> 用藤皮橫向纏繞固定粗藤條與每根竹條

< 一根一根纏繞下來的樣子

④ 取較細的藤皮將粗藤條與每根竹條以橫向纏
繞的方式固定，一根一根纏繞下來。

⑤ 纏繞時，如靠近尾端竹條間距較寬，則需加竹條增加密度。
將欲插入的竹條一端削稍尖而扁，將之插入上端已有藤皮纏繞
處使其固定，接著於正在纏繞的地方以同樣方式纏繞固定，使
其間距不超過兩指寬左右。

於較寬處加竹條，並以同樣方式纏繞固定

⑥ 以藤皮將粗藤條纏繞固定
竹條至最後尾端的藤圈後，
將原先固定竹條與藤圈的鐵
絲拆掉，以藤皮續繞，以交
叉方式纏繞固定竹條與藤圈，
直遇至固定竹條與藤圈處打
結收尾，即完成 kasedaw 製
作。

∧ 將原先固定竹條與藤圈的鐵絲拆掉

∨ 用藤皮以交叉方式纏繞固定竹條與藤圈

遇至固定竹條與藤圈處打結收尾

製作完成之 kasedaw

2020 年文建站製作之
kasedaw

45

kasedaw (魚筌) 漁撈紀實

　　魚筌為溪流捕魚之器具，在 kaadaadaan (電光) 有分兩種，一種為 kasedaw (大魚筌)，另一種為 fu^fu(小魚筌，類似今改良版的魚蝦籠)，使用方式各有不同。kasedaw 主要用於較大的溪流區域，放置於川瀨行水處，筌口朝上游處，使魚蝦順流進入魚筌內而出不去。

　　此次放置地點為電光里堤防邊的卑南溪流。時為秋冬，水量較低，早期漁撈則以春夏之初為主，水量大，洄游魚類多。放置魚筌主要分三個步驟，一是先找到適合放置 kasedaw 的地方，通常為湍瀨區，亦即溪床地形較高的點，部分石頭堆高過水面，激起水花，溶氧豐富，有機物較多，易成為水域生物覓食的場所。二是確認位置後，就地搬運石頭於溪流上游往下游方向由寬至窄堆疊，使水流集中。最後於水流集中處放置 kasedaw，讓筌口卡在窄處的石堆中間，同時搬其他石頭壓住 kasedaw 的頂端和中間部分，避免被水流沖偏。如此放置一個晚上後，於隔日清晨再來檢視魚獲。

檢視環境，確認放置 kasedaw 的地方

就地搬運石頭堆疊於溪中

於溪流上游往下游方向由寬至窄堆疊，使水流集中

　　由於 kasedaw 的體型頗大，要置於急流區堆疊石頭固定於水流中，需要不只一個人的力氣。而早期漁撈往往是集體的，會裝置好幾個 kasedaw，因此需要更多的人力，是項需要集體通力合作的漁撈活動。現今此項傳統已經式微，這次是由張萬生頭目示範，跟電光部落文化健康站的長輩一起重現此項漁撈活動。

放置調整 kasedaw，筌口朝上游處

石頭壓住 kasedaw 的頂端和中間，避免水流沖偏

放置一個晚上

隔日清晨檢視漁獲

其中有做醃魚的魚種，但數量少

一個 kasedaw 捕獲的量

monamon
醃魚

醃魚，恆春阿美語 monamon，意指醃熟的溪魚，為 Kaadaadaan (電光) 阿美族人早期習慣捕撈一些溪流魚種，並進行醃製保存的食用方式，與海岸阿美族的 takidid (醃魚腸等) 使用魚類不同，但醃製形式大同小異。

曾才德說，以前漁獲量多的時候，會將某些小魚進行醃製來保存。通常先將魚洗淨，用鹽塗抹後，放到罐子裡靜置，約一周後可食。早期曾使用過陶罐、玻璃罐，後來因塑膠罐比較容易取得，也會使用塑膠罐來盛裝。但是用塑膠罐醃製，吃起來會有股塑膠味，他仍建議使用玻璃罐醃製為佳。然今日習慣醃魚用的魚種已不容易於聚落附近的卑南溪流取得，故僅將曾才德耆老口述醃魚的製作方式紀錄下來，並請部落的 ina 黃榮妹進行示範。

食材

溪魚

mamuesay 鰕虎科

指肚子會黏石頭的溪魚，體型較小，吸盤呈粉紅色。長輩說這種魚醃起來最好吃，但也最少見。

hara 鰕虎科

指肚子會黏石頭的溪魚，體型較大，臺語俗稱狗甘仔。

cinah 鹽巴
適量

器具

瀝網或漏勺 (現用不鏽鋼製)
乾淨玻璃罐

將溪魚洗清後，加鹽輕微搓揉
（拍攝／李昱賢）

使用漏勺瀝乾水分

將乾淨玻璃罐以酒精拭乾後裝瓶

料理步驟

1_ 將捕獲的溪魚洗清。

2_ 洗清後，以小刀將溪魚的內臟取出。
此步驟依個人口味不同，因溪魚非
常小隻(如小拇指大小)，有的人不
會將內臟取出。

3_ 置於盤中，加入適量鹽巴輕微搓揉，
不可過於用力，否則魚肉易爛。

4_ 搓揉完成後，置於漏勺約5分鐘，
將多餘水分瀝出。

5_ 準備一乾淨玻璃罐，用水沖淨瀝乾
後以酒精擦拭乾淨。(此為現代做
法，以前會放入陶罐中)

6_ 將瀝乾後的溪魚放入玻璃罐中，再進行調味，可加入鹽巴、辣椒、酒，鹹辣度依個人喜好添加調整。

7_ 裝瓶完成後，加上一層保鮮膜，再栓緊瓶蓋。(此為現代作法)

剛完成的醃魚成品

8_ 將玻璃罐放置陰涼處約 20 天後即可開罐食用。開封後應置冷藏，並盡快食用完畢。

剛做好的醃魚，ina 黃榮妹示範
(拍攝／王寶萱)

部落雜貨店的醃魚製品

關山電光德興雜貨店的各類醃魚製品

　　部落內有家德興雜貨店，店內販售著各式各樣的醃魚，是由老闆娘潘春仔從成功鎮的比西里岸批發而來。比西里岸阿美族人的醃魚製品，依醃製部位的不同而有各種不同的稱呼。

takidid，海岸阿美族的說法，指醃製魚的各種部位。cicekaay，是指來自東海岸約 3 公分長、扁形的醃製海魚。另外還有 fita'ol（醃魚卵）、tinai（醃魚腸）、fongo'h（醃魚頭）、kakahung（飛魚，海岸線說法）或 kowaw（飛魚 - 縱谷線說法）等各類醃製品都有各自的稱呼。

ina 潘春仔說，這類海魚的醃法她不曉得，因為在比西里岸那邊就是已經醃好的她再拿來分裝。因為這邊 monamon（醃魚）很少見了，海線還有人在吃，就從那邊批回來，部落裡的長輩還是會買來吃。

關山電光德興雜貨店老闆娘潘春仔

damay

上游地方才有的水綿 。

damay，一種水中的藻類，中文稱水綿，不過在地人管它叫青苔。damay 一般生長於乾淨的溪床上，在早期部落鄰近卑南溪的支流皆可見，也是道十分家常的採集料理。然而近年因卑南溪水質不佳，要能採集到乾淨可食的 damay，必須要到山區較為上游之處才能取得。

Tumah Patawan
黃春英

　　黃春英，恆春阿美族名 Tumah Patawan，1951 年於 Kaadaadaan (電光) 出生，成年後在北部工作居住近 40 年後返鄉。黃春英說，她從小就會進廚房煮飯幫忙，對料理事務十分熟捻。她提到自己是家中九個小孩中唯一的女生，相當受父親的疼愛，然而因父母務農繁忙無暇照顧，大多時候必須照顧自己，也要幫忙家裡的工作。她在國小畢業後便開始幫家裡放牛，而往往在出門放牛前，就得準備好自己的便當。她還記得最常做的便當菜是，蔥炒蛋配飯，再放上醃製生薑、鹹魚這樣的菜色。此外，黃春英也會做菜請工人吃飯，更提到若是割稻後的 pakelang(慶祝之意)，就要煮雞湯、鴨肉、siraw (醃肉) 配白米飯等。

黃春英在關山市場前熱鬧豐富的攤子

黃春英直到成年鮮少去到外地，總是留在家裡幫忙。後來因為婚姻隨丈夫搬去臺北，住了將近 40 年，為了照顧母親而返回家鄉。

黃春英現今居住在關山，仍維持自小養成周日做禮拜的習慣，也依然手作各式料理，偶爾將採集的野菜或是醃製的 siraw 在關山鎮市場擺攤販售，跟三五好友相約聚會、聊天作伴。偶爾朋友也會將山野中採集或捕撈的各類食物託她販售，因此她的小攤子不時會有時令限定的溪蝦、螃蟹或 dammy（水綿），甚至偶爾會有隻大甲魚，總是吸引著人來人往的目光。

對於 damay 這道菜，黃春英說她從小吃到大，做法幾乎沒什麼改變。她的料理做法即是她媽媽做這道菜給她吃的做法。這道菜在以前一直是家中相當普遍的料理，因為很容易在溪中就能採集到乾淨的 damay。不過隨著溪流受汙染，現今能見到乾淨的 damay 也越來越少，得到更上游的地方才找得到。

tingalaway a 'alu
乾淨的溪流

加典溪中上游溪流環境

　　黃春英說，部落以前只要是乾淨的溪流就會有 damay，甚至是溪水稍微流動較小的地方都會有。以前的卑南溪很乾淨，部落裡的老人家洗頭，總會去溪裡的深處挖最漂亮最乾淨的泥土來洗頭，老人家說這樣頭髮會潤潤亮亮的。她感嘆著現在因為汙染和用藥嚴重，現在在電光幾乎很難看到乾淨的卑南溪了。

　　卑南溪對黃春英而言有許多的回憶，其中印象最深的，便是小時候每逢周日就要從電光走路去關山做禮拜。在電光大橋還未蓋起來之前，必定要走路涉過卑南溪。夏天下大雨做大水時，

會有竹筏可接駁，到了冬天，水量少的時刻里長會號召里民們去搭木橋，便可走路過橋。

除了卑南溪，早期聚落境內有幾處十分乾淨的湧泉。例如在天主堂教會往電光堤防方向下坡的路旁有一處湧泉，當地人稱「Citemengan」，那裡水域十分乾淨，會有一種水鳥在此棲息，因為總是發出「temengan」的叫聲，因此此處溪口湧泉便叫「Citemengan」。在那個地方過去婦女們會聚在一起洗衣服或清洗東西，水岸邊會有水芹菜、尖尾螺，一般人會把螺尾剪掉後煮湯，這些都是當時在溪裡就能輕鬆撈獲的食物，可惜但現在已用水泥蓋起來了。

近年由於部落附近的卑南溪水質不佳，此次採集的地方，主要是在關山加典溪中上游一帶。

damay 生長較為乾淨的水質環境

採集紀實

　　車子在加拿部落中慢慢駛至加典溪某個小橋，居住在關山振興部落的長輩林作禎，穿上及腰的長雨鞋，熟練的繫上黑色網袋在腰間，帶著細長的漁網，開始輕快地在溪谷中跳躍，來去自如。

　　林作禎跳著大石頭，一直往上游移動，最後在一處水流緩慢，清澈乾淨的一處河谷中，指著在水底鮮綠的 damay(水綿) 說：「這就是青苔啦！我們都叫它青苔」。然後手中的漁網便緩慢的在接近水面下的 damay 開始撈取。

　　林作禎的動作十分輕快，反覆幾次便輕鬆獲取份量不少的 damay，然後在水流充沛流動的地方反覆搓揉擰乾，最後將 damay 放進腰間的黑色網袋準備帶回去。林作禎繼續往上游行走跳躍，一一檢視前一天放置的自製蝦籠收穫如何。

於在水流稍緩且乾淨的河床中採集

手勢輕巧攪取近水面上層乾淨的 damay

採集 damay 的林作楨

damay
涼拌水綿

　　黃春英說，以前老人家的做法，是將撈起的 damay 集中於盆內，再反覆用乾淨的山泉水搓洗 3 至 4 次後，再拌入鹽和辣椒，即可直接食用。 damay 這道菜，從小吃到大，做法及吃法幾乎沒有改變，不僅是早期家庭餐桌上常見的料理，也經常是喝酒時會出現的下酒菜。

食材

damay 水綿
一團約 400 公克

cinah 鹽巴
適量

kamod 辣椒
適量

器具

紗布
漂洗用鋼盆
鍋子
鋼篩網

料理步驟

1_ 將尚未漂洗的 damay
靜置鋼盆中

2_ 取出漂洗用的鍋子，將 damay 於水中搓洗，再將
damay 握緊去除水份，置於旁邊的鍋子內。

3_ 將鍋內的 damay 倒入鋼篩網中，於水盆中將篩網內的 damay 再搓洗一遍，再將 damay 擰乾。

擰乾後的 damay 放到紗布上。

5_ 放入半匙鹽，將鹽巴與 damay 混合攪拌。

透過紗布擰擠，將水份去除。

6_ 倒入鋼篩網中瀝乾水份，將瀝乾水份的 damay 再次放入紗布中以紗布擰乾水份。擰出膠質後的 damay，將 damay 原有之纖維剪碎，以利食用

4_ 將完全去除水份後的 damay 放入鍋中，並用自來水沖洗，沖洗過後置於鋼篩網瀝乾水份。以自來水清洗兩次後，最後一次用濾滲透水清洗。

7_ 剪碎辣椒拌入、酌放鹽巴調味，用筷子拌勻調味後即可食用。

市場野菜攤的幕後採集人

　　黃春英在關山市場擺設的小攤子上，各種野菜、溪蝦、螃蟹、damay（水綿）、siraw（醃肉）琳瑯滿目，皆來自好友林作楨的供應，是市場野菜攤的幕後採集人。

　　林作楨 1994 年從高雄美濃移居到臺東，長年居住在關山，原本是從事民間有線電視維護人員。他在部落中第一次吃到 damay 後，開始學習阿美族人在野外溪流採集，作為個人的興趣。20 年來走遍聚落鄰近的山區尋找乾淨的溪流，撈 damay、放蝦籠抓蝦蟹，撿尖尾圓螺。他在溪床間健步如飛，在河床高低落差間的水塘投放自己設計搭配誘餌的保特瓶蝦籠。每次收蝦籠得花上一整天的時間，漁獲除了分享給當地朋友食用之餘，也經常託給在關山市場外設攤的朋友販售。

總是在溪床間健步
如飛的林作楨

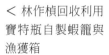

< 林作楨回收利用
寶特瓶自製蝦籠與
漁獲箱

> 捕獲蝦蟹的林作
楨喜歡料理並與阿
美族朋友分享

midateng i lutuk
山上・採集

上山工作的最愛

　　Kaadaadaan (電光) 聚落位於海岸山脈西側的卑南溪河階地，為支流嘉武溪、濁水溪、木坑溪及幾條小支流沖刷而成。據 Kaadaadaan (電光) 二戰後出生的長輩們所述，早期山上的生活領域就是在聚落沿線 197 縣道岔上山的各個產業道路行經的周邊範圍 (海拔 300-900 多公尺)；以嘉武溪以南、濁水溪以北的東 26 鄉道 (東興產業道路)，和濁水溪以南、木坑溪以北的華山產業道路，為兩處主要的山上工作和採集生活範圍。

沿卑南溪支流而上的稻田聚落和背後山丘

　　長輩說的 miala（採集），和其他生活在山林的族群一樣，是生活在這裡的阿美族人自然而然形成的謀生方式之一。直到現在仍維持的 midateng（採集野菜）一直是 Kaadaadaan（電光）阿美族長輩們的飲食習慣，也因此維持了淺山生態環境的樣貌。'oway（黃藤）、sangrad（山棕）、lengac（月桃）、fokeso（牧草）、'anenglay no lotok（山苦瓜）、tatoken（龍葵）、lokot（山蘇）、nangkokay（山茼蒿）、tadimtimay（兔兒菜）、mokaw（過貓）、sedeng（咬人貓）、kadawangay（紫背草）、lifanger（臺灣胡椒）、makalo（桂竹）、fitonay（刺竹）、lulang（構樹）、'icep（檳榔樹）等等這些，是平

常會食用也會使用製作生活器具的常用植物。早期捕魚使用的 sawalak（魚藤）植物也是在這片山區取得。而在這些植物的生態系下有些 fao（昆蟲）、faniw（草菇）、comoli（蝸牛）、takora'（青蛙）等，更是長輩們慣於採集的食材。在過去，通常是在山上工作時會順手採集食用，多半是簡易地搭起一個三石爐灶就生火烹煮起來，當附近無石頭可做爐灶時，也會砍取一種樹叫 turuk，由於不易著火，可鋸三根樹枝幹插地當爐灶使用。採集剩餘的，就會帶下山回家料理。

在這片淺山林裡，除了原有族群的生活採集足跡之外，也歷經不同政權發展的經濟開發時期。行經 Kaadaadaan（電光）聚落的 197 縣道是過去清代連通不同聚落之間的古路，也是官員出巡、貨物交易會行經的路線。其後山在日治時期則有林產、咖啡產業等招墾本島人移民開發，在今聚落中心（中興）的南方山坡上即有東臺灣咖啡產業株氏會社設有的咖啡會社（今廣興），以及在今東興、南興設置農場栽培咖啡，也包括農場事務所和移民家屋。當時有

廣興聚落的客家老屋（蘇家土樓）

1960 年代電光 17 號橋南邊，前方為東興產業道路山上（電光社區發展協會提供）

許多來自苗栗的客家人移民來到這裡工作，後也定居下來，以咖啡會社(今廣興)為主形成聚落。彼時客家人、閩南人多擔任農場工人，在山場伐林、檢查運輸木頭、燒木製炭、種植咖啡等，也有當地阿美族做苦力，出役修路、建造、搬運等。

戰後咖啡園廢棄，1950年代香茅產業興盛，縱谷一帶帶來一波移工潮，電光的山腰間也出現種植香茅園區和數間提煉的工寮。後期的竹藤產業、果樹經濟作物也帶來一些山林工作的機會。在山上工作的客家、閩南和阿美族人，勞力幹活之餘，也發展各自的採集生活和飲食方式。像是廣興聚落客家長輩對竹林的利用或醃製保存的筍乾，跟阿美族長輩將竹子製作器物使用或醃製酸筍的方式不盡相同，又或者對植物用途也不太一樣，

農用搬運車沿卑南溪支流上山

東興產業道路上的廣興客家聚落

　　如客家人常使用艾草做粄、用大風草做藥浴使用，這兩種是則是阿美族用來做酒麴的植物。不過長時間下來，彼此都有互相影響。

　　早期因生活環境與山區生活、工作連結緊密，自然採集各類野菜、蕈類或是植物嫩心，就能就地升火烹煮最新鮮美味的山上珍饈，也能帶回日曬風乾或醃製保存食用這樣的傳統智慧，是現代鮮少在山林環境工作的年輕一輩少有的能力，更是難以體會的山林記憶。

花

lifanger

山苦瓜

台灣胡椒

fuwak

東栜又上山

pasayat

山豬

atepaan

keput

an

Kaadaadaan
電光部落山上
生活環境地圖

卑南溪

早期淺山印象與傳統地名

　　傳統上，Kaadaadaan（電光）阿美族的山林生活領域，約莫於海岸山脈西側山坡上，以獨流溪嘉武溪以南、木坑溪以北為範圍，與山脈鄰界東邊的Alapawan（泰源）部落海岸阿美和南邊瑞和村的客家人、Pailasan（巴伊拉善）部落秀姑巒阿美互有往來。對部落的長輩來說，山上充滿工作與生活的記憶，因此取稱的地名來自所見的動植物資源，或是行經的特別地形，或者是發生的事，例如以動物如熊出沒的地方，以植物如桂竹、山胡椒、雀榕、咖啡，或是以附近特殊地形如泥火山來命名。此透過頭目張萬生的口述，描繪早期對山林的記憶與傳統地名，也有長輩們流傳的地名歌。

｜地名歌｜

Cifukay　Sawai'lan　Kalongkungay

木坑溪　　寶華部落　　13 鄰

Kanatepaan　makeput　Cimakaluay

沼澤　　　咖啡　　　富興

Tingkoli　'Aropitan　Kanafudoan

社區　　　東興　　　嘉武

地名歌
張萬生與謝月蘭合唱版本

youtube 聆聽　　　雲端聆聽

⊙ Citumayan

指熊出沒的地方。

⊙ Cimakaluay

意指桂竹很多的地方而得名，位於今廣興 8-10 鄰一帶。

⊙ Taluhatuhay

意指山上這個地方的溼地，有 taluhatuhay 這樣的植物而得名。taluhatuhay 指的是長得像箭竹的植物，跟蘆葦一樣開白花，但沒箭竹那麼硬，現在已十分少見。過去族人也會在這個地方採集一種植物稱 fadi 'awlay 來製作鼻笛。

⊙ Fuwak

指泥火山一帶會冒出泡泡的現象而得名。

⊙ Pasayat

泥火山範圍以 sadinayay (百年雀榕樹) 為地標區分，其以西為泥火山西邊稱 pasayat。

⊙ Sa'apula

意為「那邊有間房子」，因此地有間石灰 (apulay) 抹牆的平房而得名。

⊙ Ciru'itan

老人家會說 Kakitong a fufu，意即曾經有過曾曾祖母種的菸草之地，也是祖輩埋葬之地。現在則為族人採藤或山棕之地方。

⊙ Kanatepaan

意指有山豬走路很慢發出的聲音而得名，位於今電光里的南興 11、12 鄰的溼地一帶。

⊙ Makeput

指咖啡山一帶，為之前的稱呼，現在人多稱咖啡山。

⊙ Ciemican

意為「有人迷路回不來」，因此地之前未開發時常常有人在這片森林迷路，因而得名。此地早期一段時間採藤業盛行，後約 1960-1980 年代發展香茅種植相關產業，現為種植水果、梅子等經濟作物。

⊙ Lifanger （地名）

意指有很多臺灣胡椒這種植物的地方。

耆老張萬生採集 dongec no lengac
(月桃心)，提到小時候沒錢買藥，
都吃這個驅蛔蟲。

耆老吳正福採集 dongec no 'oway (藤心)

採集 'anenglay no lotok (山苦瓜及葉)，苦甘退火

耆老張萬生
小時候也會
竹子裡的蟲
來吃

山上採集山苦瓜與 kakorot (苦茄)　　　山上採集 dongec nosangrad (山棕心) 與 lokot (山蘇)

山上工寮種的
kalitang (八月豆)
與 sokoy (木鱉果)

∧　山上工寮窯灶烹煮

∨　野菜採集煮成典型十菜一湯

Falo no lulang

構樹雄花 。

構樹雄花，恆春阿美語 falo no lulang，約每年 2、3 月盛開，為花蓮秀姑巒阿美族會採集食用，以水煮或烹炒而成的一道家常料理。Kaadaadaan (電光) 的阿美族未有採集食用構樹雄花的傳統，然起因於早期約 1970 年代部落族人外出北上工作，與其他地區北上工作的原住民朋友交流飲食而得，回鄉居住後而在部落流傳的吃法，有種敘述時代脈絡下族群飲食交流與變化的代表性。

Pipi' Malulang
陳辛妹

　　陳辛妹，阿美族名 Pipi' Malulang，1943 年於臺東縣鹿野鄉瑞豐村出生，7 歲時隨母親搬至關山 Kaadaadaan (電光) 定居，為耆老曾才德之妻，現居住於關山鎮電光里。

　　對陳辛妹來說，falo no lulang 構樹雄花這道菜，是在外出工作後與不同部落的阿美族朋友結識所學習的家鄉味，也是在返鄉過退休生活後十分懷念的味道之一。陳辛妹在 Kaadaadaan(電光) 成長，15 歲時受雇做長工，幫忙做放牛的工作，也因此認識了當時務農的曾才德，相識一年後成婚，務農為生。約莫 1971 年，夫妻二人相偕外出北上，到桃園龜山的磚窯廠工作打拼，在新北市鶯歌鎮居住下來。後來隨著工廠受機械自動化影響面臨轉型，在磚窯廠工作 20 多年的曾才德於 64 歲退休，與陳辛妹兩人一同回到故鄉。

十分懷念這道料理的陳辛妹

陳辛妹家中貼著孫女曾櫟騁─奧
運女子跆拳道選手的簽名海報

　　回到故鄉生活的陳辛妹，每逢構樹花開的季節，總會習慣性地將雄花穗摘
採料理食用。她說，那是過去在北部磚窯廠工作時，結識來自花蓮 Lengacay
(苓雅仔) 部落的燒磚師傅，帶他們採集料理食用的一道菜。因為從沒吃過，
口感、氣味印象特別深刻。陳辛妹說，這道菜很美味，總是會懷念那個味道，
就會趁當季摘採新鮮嫩花炒來吃或煮湯，多的便日曬保存一段時間，想吃的
時候還能取出食用。然而隨著夫妻二人年事已高，行動愈加不便，要親自摘
採已越來越困難，構樹雄花這道菜已在近幾年間少有機會吃到了。

　　在陳辛妹的家中特別貼有一張奧運女子跆拳道選手的簽名海報，陳辛妹驕
傲的說這是她的孫女─曾櫟騁。曾櫟騁是臺灣參加奧運女子跆拳道 57 公斤量
級以來首位奪牌選手，也是繼楊傳廣在 1960 年羅馬奧運會上獲得銀牌後，第
二位為臺灣贏得奧運獎牌的阿美族國手，無疑是對整個家族的莫大榮耀。

nafuhukan
平野荒地

　構樹為先驅樹種，在 Kaadaadaan（電光）部落淺山一帶的荒地隨處可見，像是嘉武一帶東 26 鄉道（東興產業道路）旁，皆有其蹤影。構樹屬雌雄異株，每年的 2 月至 3 月間，無論公樹或母樹都會開花，此時會特別揀選公樹開的花，其花序長得像毛毛蟲，約 3-8 公分長。陳辛妹表示，採集雄花時需注意周圍是否有蜜蜂或其他蜂群，應特別避免。至於揀選要件，主要採全株翠綠者最為鮮嫩，如其花序上已開白色小花，就表示太過成熟，口感不好，通常不會採。

　在雄花盛開的季節裡，一棵構樹通常可採集相當大量的雄花，採集盛裝於籃子或袋子帶回後，通常會先進行保存。採集後先進行第 1 次水煮川燙殺菌，川燙後放置於 hatapes（竹篩）上瀝乾，然後放到陽光下日曬，曬乾後即可放置陰涼處保存一段時間，現在多放在冰箱冷藏儲存可保存更久。

由上而下：
長在樹上鮮嫩的構樹雄花
構樹雌花排成球形頭狀花序
從樹上採集下來的構樹雄花與樹葉
採完馬上川燙能延長保存時間

將構樹雄花滾水殺青

置於 hatapes（竹篩網）上日曬

曬乾與新鮮的雄花滋味也不同

Falo no lulang
構樹雄花

　　關於這道菜的料理，陳辛妹說，他們的阿美族朋友通常是會同時採 tafedo no ciyak (南瓜心) 和 comoli (蝸牛) 一起放入煮湯為主，有時候也會加入構樹葉一起煮。就她自己而言，只要是一般的料理方式如川燙、烹炒、煮湯皆可，十分簡單。

| 川燙

食材

falo no lulang　構樹雄花

cinah 鹽

器具

hatapes 竹篩
大鍋子
鍋鏟

料理步驟

1_　煮水。

2_　放入構樹雄花，加入適量鹽巴調味，即完成。

| 蒜炒

食材

falo no lulang 構樹雄花

cinah 鹽

sowan 蒜頭

料理步驟

1_ 熱油鍋

2_ 放入適量蒜頭

3_ 放入構樹雄花，加入適量鹽
巴調味，即完成。

kuhaw no dungec

藤心湯。

藤心湯，恆春阿美語 kuhaw no dungec ，苦甘退火，有降血壓功效。這道菜通常是上山打獵或工作時會在山上採集烹煮的料理 ，而烹煮方式十分簡單。通常生起火堆後，在林地裡取 3 根粗樹枝立爐灶 (一般砍取 turuk 樹種)，架上裝水的鍋子即可烹煮。此外，上山時通常會攜帶白飯或 hakhak (糯米飯)、鹽巴、米酒、肉等配著吃。然而 'oway (黃藤) 生長在山區且不易取得，近年來食用機會較少，是部落裡長輩相當懷念的一道菜。

Kapi Patawan
吳正福

熱心又充滿山林知識的耆老吳正福

　　吳正福，阿美族名 Kapi Patawan，1953 於 Kaadaadaan (電光) 出生，為家中老么。由於父親很早就離世，他自國小便擔負照顧家裡的責任。跟著部落中的長輩，吳正福從小就在山林間走跳，不僅懂得狩獵，也認識相當多山上可食的植物，擁有許多山林知識的他，總說自己是一個上山也餓不死的阿美族。

吳正福為幫忙家裡的農務，電光國小還未念完即不再升學，偶爾也會讓大人帶出去外縣市打零工，但只要割稻的時候就得回電光幫忙，就這樣直至長大成年，幾乎很少離開電光。後來出去當兵，退伍回來後與本地阿美族姑娘結婚，生有兩男一女。然而妻子在最後一次分娩時過世，成為吳正福心中永遠的感傷。但孩子們也在他的守護下平安長大，求學就業相當順利。

　　如今吳正福除了山上的工作以外，也熱心參與社區工作，許多人都稱呼他「Kapi 阿公」。眾所皆知，一般社區巡禮前的竹炮施放，大都由 Kapi 阿公來帶體驗，而若要介紹對電光早期的光景，他也如數家珍、樂於分享。來此地參加電光農村趣的遊客們，一定會認識到這位熱情開朗的阿美族 faki。

山上工寮

Ciru'itan

　　吳正福經常採集黃藤、山棕的地方，傳統地名稱 Ciru'itan。這個地方老人家會說 kakitong a fufu，指過去是曾曾祖母種植菸草的地方，也是祖先死後埋葬的地方。

　　吳正福的住家早期周邊原來是甘蔗田，後邊是牛舍，也種些檳榔。當時的後山 Ciru'itan 一帶山坡以種香茅居多，當到山上割香茅時，也會順道去砍些木柴回來備用，補充家裡的柴火。而割好的香茅會經過蒸煮煉油，再挑去關山鎮上賣。

山上種植環境樣貌

　　1970 年代香茅產業沒落以後，山上以種果樹為主，曾種過高接梨。後來因管理、採收工作的人力不足，而放棄果園的種植管理，僅部分種植無需管理的作物為主。

＜ 吳正福爬樹拉藤

＞ 以草刀削除黃藤
表皮有刺的部位

採集紀實

吳正福也嘗試自製刀具方便採藤

　　早期 Kaadaadaan（電光）阿美族採集黃藤除尾部取食藤心外，亦會全株利用削藤處理作藤編器具，包括藤籃、藤篩器具等。據頭目張萬生說，幾年前部落內還有一名尚會藤編的老人家，可惜已離世。

　　此次由吳正福採集藤心。藤心為黃藤植株向天空拔高的頂端嫩芽，全身長滿苦刺，不易取得。通常若無法將黃藤尾端拉下，便會需要爬樹，再以草刀將之砍下，同時削掉表皮尖刺，以利拿取及運送。接著再將剩餘藤條尋其生長路徑找出根部，並確認可全段拿取後，再砍斷並拖拉下山，過程十分費力耗時。

　　今日黃藤資源有限，多處於山林更深處，近年來食用機會較少。

91

kuhaw no dungec
藤心湯

　　採集之藤心，食用新鮮度以剛採下立即料理者為佳。傳統上，一般表皮包覆的藤心可存放約 3 至 5 天，然斷口處會逐漸氧化發黑、纖維也會逐漸變老，漸失其鮮嫩度。

　　現代保存方式為，將鮮採之藤心削除其堅硬表皮，以手剝除外殼，留取內層的白色嫩心。將之切段，同時並備一鍋鹽水將取得之嫩心置入浸泡以免氧化發黑。再整鍋予以煮滾沸騰後放涼，再置入冰箱冷凍，欲食用時，再將之取出。

食材

dungec no 'oway 藤心

cinah 鹽
適量

fadowac 排骨
約 400 克

lokot 山蘇
鮮採數片

器具

大鍋子
鍋鏟
刀具

料理步驟

1_ 將採集的藤心以刀削掉有刺表皮，露出白色內層。

2_ 用手將白色內層剝除較老較硬的外殼。

3_ 取嫩心,將其切段備用。

4_ 以3根粗樹枝架起鍋子,生火燒水。

5_ 排骨切成塊狀後,以滾水去血水。

6_ 將處理過的藤心、排骨入鍋,加水煮至沸騰。

7_ 藤心煮透後加入山蘇,並以鹽巴調味。

8_ 藤心、排骨熟軟後即可食用。

kuhaw no faniw

稻作收成後的另種滋味 ─
稻草菇湯。

　　早年種稻收割後家戶都會習慣將稻草收集堆置，用以餵養家中牲
畜或菜園堆肥。長期堆置的稻草通常會在夏秋之際因雨水及豔陽交
替旺盛，而容易長出 faniw（草菇），部落族人便習慣將之採集料裡
食用。近年冬天氣候變得溫暖，堆置的稻草甚至到 11 月份仍可採集
到 faniw。

　　然而近二十年來關山地區隨著稻草利用需求減少，包括畜養及堆
肥，以及稻草堆置人力不足，農民多半直接燒墾，或直接用機器將
割碎的稻草打入田裡。過去本是可遇不可求的稻草菇，在今日能吃
到的機會更微乎其微。

可遇不可求的 faniw

吳正福於山上堆置的稻草堆及長出的 faniw (草菇)

　　現今仍堆置稻草的吳正福說，這是後來因每年電光戲劇公演的需求，才將稻草留下，運至山上工寮附近堆置。偶爾在山上工作煮食的時候，便會翻翻稻草堆採集 faniw 與周邊的野菜，洗淨後簡單煮成 kuhaw no faniw (稻草菇湯)，即十分新鮮美味。而 faniw 是食用菌類，有其特定的樣貌，如何辨識，吳正福表示，如蕈類的傘內層為襯裙樣貌，即不可食用。

採集 faniw

吳正福與所採集的稻草菇

稻草菇跟野菜煮成湯，即十分新鮮美味

kisiw

工作後 pakelang 的慶祝料理 ——
燒酒雞湯。

　　kisiw，也就是藥草燒酒雞湯。傳統的料理方式，會是用自家養的雞，加上野外鮮採的車前草和白花草燉煮。白花草、車前草，均屬民間常用藥草，有清熱利尿解毒消炎、治腸胃等功效。

　　這道料理是早期 Kaadaadaan（電光）族人們在割稻工作完一起 pakelang（慶祝）的時候會出現的一道菜，也是每當有客人來時會盛情款待的一道菜。通常一吃完這道菜，大家幾乎醉倒。而這道料理除了用來慶祝與款待之外，也富含照護的意味。在部落不僅在冬天寒冷時作為家人進補的料理，也是婦女生孩子做月子會吃的食物。

洗淨的車前草、白花草與生薑等食材備用

　　吳正福對這道生活中特定時機會吃的菜，很知道怎麼料理。首先會將剛採下的白花草、車前草，洗淨、切碎，以乾鍋炒乾，撈起備用。雞肉炒乾後拌入炒乾的青草，加入米酒，慢火熬煮，不加一滴水。每家的做法上只有在最後收尾的方式不同，例如婆婆媽媽們喜歡湯一滾就關火，保留濃厚酒味，吳正福則會煮到酒味都揮發了才關火。

將藥草切碎並乾鍋炒乾，撈起備用。

　　潘寶瑩（人稱寶媽）補充這道湯品常被戲稱是部落的「飲料」。因為大家往往不吃燒酒雞的肉，總是一直喝湯，喝光了再倒米酒煮，煮開了再喝湯，就這樣一直喝到雞肉再也煮不出湯頭，再煮都沒有味道的時候才罷休。那麼，結果雞肉呢？「就留給部落不能喝酒的小孩吃啊！」寶媽笑嘻嘻的說著。

拌入炒乾的藥草，加入米酒

與炒乾的雞肉、米酒慢慢燉煮入味

kuhaw no sangrad

山棕心湯。

山棕心湯，恆春阿美語 kuhaw no sangrad，口感鮮嫩，滋味不苦微甜，是 Kaadaadaan（電光）阿美族人農閒時上山採集經常會帶回去煮給孩子的一道菜。sangrad（山棕）在 Kaadaadaan（電光）山區一帶相當普遍，多生長在山溝、溪谷邊，是在地居民生活中經常利用的植物。sangrad 幾乎全株都有它的用途，如葉子部位可綁束作為掃帚使用，或用來搭棚、屋頂鋪蓋等；葉柄部位的纖維則會用來製繩或編織，如篩穀子用的 hatapes（篩子）。而 dongec no sangrad（山棕心），即在長成 3 年以上的山棕莖的部位取得的嫩心，搭配其他野菜或肉類料理，更是一道相當可口的美味鮮食。

Acem Pacidal
黃久娘

黃久娘和她的女兒

　　黃久娘，阿美族名 Acem Pacidal，1947 年生於鹿野和平部落 (Palayapay 舊稱擺仔擺社)。在黃久娘很小的時候，全家搬到 Kaadaadaan (電光) 的山區生活。剛搬來這裡時他們沒有田地，所以在山坡地開墾種植芋頭、玉米、香蕉為主。她依稀記得小時候住的房子是用竹牆加茅草屋頂搭建而成的，周圍是一片竹林，生態環境十分豐富。由於山區動植物資源相當豐富，山上各種野菜如山萵苣、山苦瓜、山蘇、過貓等，或是各種筍子、蕈菇、水中的生物、青蛙、田鼠都是她相當熟悉的採集食材。

黃久娘自小便出外打工幫忙家裡貼補家計，7、8 歲左右到關山德高的米廠做工幫忙包米，也曾到花蓮玉里的鳳梨工廠打工過。16 歲結婚後住在電光山下的聚落 (7 鄰)，開始種稻的生活。1960 年末至 1970 年代，正逢政府十大建設時期，各地主要城市發展許多工程建設，工資行情特別看好，許多部落族人會在農閒時趁此機會出外打工。當時黃久娘跟丈夫也會趁著農閒，到臺北、臺東等地做模板工程 (大家都會笑稱自己也當過女模)，或是到梨山幫忙種蘋果，每次出外打工大約兩周的時間，再回來顧田，為了生計，不辭辛勞遠途工作。

　　也是在農閒時刻，黃久娘才會有較多機會上山採集各種野菜帶回家料理。黃久娘笑著說，採的野菜常常可以煮成十菜一湯呢 ! (十樣菜都在同一鍋湯裡) kuhaw no sangrad (山棕心湯) 就是一道農閒時有機會上山採集時會吃到的菜，也是一道以前的父母親常常會煮給小孩吃的料理，因此只要一有機會，她就會做給孩子吃。這道菜搭配肉類油脂烹煮味道會更加鮮甜，然而早期肉類卻不易取得。雖然如此，但幸運的是，黃久娘的客家鄰居，有時會送來他們自己做的豬油蔥酥。她總會加一小匙到湯裡，因此添加了濃郁的豬肉香氣，喝起來特別飽滿香甜。

在山上砍取山棕

取山棕心可食部位後帶下山

Cicacasay

sangrad（山棕）生長在 Kaadaadaan（電光）聚落後山經常可見。黃久娘以前在山上的家，地名稱作 Cicacasay，即後山上兩條卑南溪小支流交匯處，溪溝邊坡是 sangrad 喜歡生長的環境。

這裡是黃久娘自小即十分熟悉的生活採集地，不僅 sangrad，也有其他像是 dongec no'oway（藤心）、'anenglay no lotok（山苦瓜）、tatoken（龍葵）、lokot（山蘇）、nangkokay（山茼蒿）、mokaw（過貓），還有家附近竹林依季節冒出的筍子等。生長豐盛的季節裡，印象中家裡總是會放很多的野菜。她偶爾也會到圳溝抓 kalang（螃蟹）、'alutuc（螺）和 'afar（蝦子），可惜現在已相當少見。

採集之山棕心，可存放一段時日

先將棕色粗表皮先削除

採集紀實

sangrad 在山區雖常見，卻不好採集。其植株較硬，需用鐮刀或山刀砍採。

在山上雜木林間採集 dongec no sangrad（山棕心）的部位，通常會先將其附近硬梗及葉的部份先削斷，並於山棕莖下半部接近根部之處，以刀砍取嫩莖，再將其帶下山。dongec no sangrad 有其山棕粗表皮包覆約可存放一段時日，有人會直接保留山棕表皮的粗纖維，待要料理時才會將整體表層削皮處理，取其嫩心；亦有人會先將棕色粗表皮先削除，只留白色粗纖維的表層，方便攜帶或存放，待食用時再撥開取其嫩心。

留白色粗纖維的表層

103

kuhaw no sangrad
山棕心湯

黃久娘說，這道料理湯品，通常在家一碗飯配一鍋湯就是一餐了，所以通常會加入各種野菜，煮成十菜一湯餵飽一家老小。早期肉類不易取得，會加 fadowac（排骨）烹煮是現在的吃法，以前若能抓到 kolafaw（田鼠）的話就會加進去一起煮，即是難得的美味。另一個料理版本便是加上鄰居家自己做的豬油蔥酥烹煮，提起油酥香氣另有一番鮮甜滋味。

本次紀錄是加入排骨煮湯的版本，前後由黃久娘與另一位 faki 吳正福示範。關於料理，其實較繁瑣的是 dongec no sangrad（山棕心）的處理。首先需要將採集來的山棕用刀削掉有刺表皮，露出白色內層，再一層一層的將粗皮的部分去掉取其白色嫩心。為避免氧化發黑，通常會在去皮處理後，同時切成段泡水，尤在在煮食之前需泡水，以隔絕空氣。而食用方面，現煮現吃的時候，味道鮮甜不苦，倘若放到隔天再吃，就容易變得苦澀。這是一道趁新鮮煮食的料理，因此長輩都會說採夠吃的就好，不要採太多。

食材

dongec no sangrad 山棕心
fadowac 排骨
cinah 鹽巴　適量
kacipa 薑　數片

器具

大鍋子　鍋鏟　刀具

料理步驟

1_ 將採集整理後的山棕心用刀削開粗纖維表皮，露出白色嫩心。

2_ 取嫩心，將其切段泡水備用。

3_ 將薑切片，以搗或拍出薑氣味。
山棕心切段。

4_ 排骨切成塊狀後，以滾水去血
水。

5_ 水煮至沸騰，將處理過的山棕
心、排骨、薑片入鍋。

6_ 山棕心、排骨熟軟後可依情況
加入野菜，並以鹽巴調味。

7_ 野菜煮熟後，即可食用，味道
甘甜。

kaacangan no niyaru'
聚落・節慶

聚落周邊青綠的稻田

時令豐收的滋味

　　電光里現今人口主要集中的中興街區，發展自清代以阿美族人為主形成的
雷公火社 (Kaadaadaan)，為一古老聚落。然因時代變遷、產業人口遷移，今
日的街廓鄰里除有 7 成的阿美族人口外，也有少數卑南族、客家、閩南人，
以及來自印尼、越南、中國的族群。加上主要中心聚落周邊靠東 26 產業道路
的山區聚落 (東興、廣興、南興) 等極少數家戶，成為多元族群聚居但擁有
各自生活圈的地區。而在聚落的北邊即有田區，清代引自卑南溪支流修築的
水圳 (電光圳) 利於灌溉稻田，日治時期稻田面積擴增至聚落南邊區域，戰
後 1950 年代卑南溪堤防建設使田地面積發展臨近卑南溪岸，至今仍以農業為
主要產業的電光，形成今日河階梯田地景的樣貌。

1967 年在電光活動中心舉行的阿美族年祭

　　Kaadaadaan（電光）的阿美族主要以稻作為主，日治及戰後因山林產業遷入的客家及閩南人，定居下來的人也有從事耕種者，聚落生活多以一整年的農作時令為主，在看天吃飯、祈求豐年等信仰、祭儀上有各自的生活文化。

歌舞中的電光阿美族

年祭舉行時準備的傳統祭品

阿美族傳統經濟生活和祭儀密切配合，無論是耕作上的播粟祭、收粟祭、祈日祭、年祭，或是捕魚的河祭、狩獵的祭儀等，皆由年齡階級來執行。現今在阿美族許多部落仍保留下來最盛大的祭典就是年祭，透過年齡階級的結構運作，使整個儀式及過程圓滿且順利完成。[4]

舉行年祭時共享豬肉（拍攝／鄭丞志）

註 [4] 參考整理自張萬生編著，2008，《電光石火—電光部落文史紀錄》，臺東：臺東縣關山鎮電光社區發展協會，頁55。

舉行河祭時共享魚湯（拍攝／黃瀚）

　　目前 Kaadaadaan（電光）阿美族留存的只有一年一度 8 月份的 malikuda（年祭），以及在 malikuda 一起舉行的 mikesi（河祭）。通常都是在農忙稻作收成後舉行，在這新舊交替的階段，種種過去一年來工作的辛勞，以及收成後的快樂與感謝，都藉著這一年一度的年祭慶祝活動表達出來，其中有歡樂、有謝恩，也有反省。在 malikuda 前一晚的 pacala'（祈福儀式）裡，傳統 sapatafang（祭品）會準備 'epah（酒）、tamaku（香菸）、icep（檳榔）各 3 份，來感謝 ifafaeday（上蒼）的陽光、雨水及風，感謝 cipalaay（地主）土地可以種植 lusay 作物，也感謝 to'as（先人）的智慧教導後人種植，如三腳架祭台上的 fuseni（五穀雜糧）稻米、小米、芋頭、地瓜、南瓜。[5]

廣興聚落每年農曆 3 月 15 日於蘇家土樓祭祀媽祖生日

居住在中興及廣興聚落的閩南、客家人，以客家人從事農墾為多，除河階地的水稻田區外，多於聚落所在山區或自家周圍闢墾園地，依季節時序種植各類瓜果葉菜及玉米、豆類、地瓜等雜糧作物。習俗上閩客族群皆有謝平安、慶豐年、祈求來年運勢順遂的節慶祭儀，但隨遷移的來處與時間不同，作法上略有各異。

早期自北部遷入進山開墾的閩客漢人（客家人佔多數），會祭拜土地神祉祈佑墾事順利平安，日治時期咖啡會社廣興聚落即建有伯公廟，戰後南興農場、嘉武等聚落也分別建廟祭拜伯公。除此之外，受關山鎮祭祀圈的影響，亦信奉媽祖，1947 年在廣興聚落已有媽祖戲酬神的習俗，1962 年有廣興、南興、東興聚落的居民組成媽祖會，開始固定每年農曆 3 月 15、16 日做媽祖戲祭謝酬神保佑平安。大抵皆為早期多從事山林墾務的閩客移民，面對異地難以預料的天災事變，求神明保佑一切事順安寧。

廣興山上的伯公廟（福德祠）依特定節日祭祀

註 5 參考整理自張萬生編著，2008，《電光石火—電光部落文史紀錄》，臺東：臺東縣關山鎮電光社區發展協會，頁 54、67。

此外，早期在稻作秋收後入冬之際會舉行謝恩儀式(俗稱謝平安，客家人稱平安戲或收冬戲)，主要是在農田生產收穫之後，為了報謝天地眾神的庇佑，會準備三牲酒禮，並請戲班演戲酬謝神明。

近年於秋收後農閒時節舉行的「雷公火之役」戲劇公演

「雷公火之役」戲劇中的 pakelang，有 kusanay (酒釀) 也有 siraw (醃肉)、monamon (醃魚)。

　　其中民間傳統信仰有的會特地祭拜三界公，也就是天、地、水三官，因為在農業社會農耕作物十分仰賴天、地、水資源的配合，有些人家會在家中置爐上香，感謝三界公，並祈求來年農事順利豐收。

現今電光廣興、南興、東興聚落人口減少，戲班沒落，搬演戲酬謝神明的活動多年幾無舉行，僅在收冬、過年、伯公生、媽祖生……等時節仍會準備祭品燒香祭拜神明和祖先，其中客家人作為祭品奉祀的米製粄食如發粄發包等依然不變地流傳下來。而近十年電光因積極社區營造，也結合了原本二期稻作秋收的時節，本著農閒團聚敬古感恩的心情，在每年 12 月中旬於收割的稻田上演 Kaadaadaan（電光）歷史戲劇—雷公火之役，以及感謝大家一起協力完成的美好，會在當天晚上舉行 pakelang（巴歌浪）辦桌宴慶祝，每一桌由部落社區媽媽認領出菜，不僅融合了在這邊不同族群、不同時代的家常料理，呈現繽紛多元的飲食風味。

戲劇公演後的 pakelang（慶祝感謝辦桌宴），菜式各有不同。

年祭與豬血肉湯。

2019 年於父親節 8 月 8 日舉行 malikuda (年祭) (拍攝 / 鄭丞志)

malikuda 年祭傳統儀式與變遷 [6]

　頭目張萬生說，傳統上，舉行 malikuda (年祭) 的意義主要在於期盼部落族人能年年豐收、平安順利，同時也透過 malikuda 的籌備和舉行，進行 kaput(年齡階級) 文化事務的傳承，也包括倫理美德，以此團結部落。此外，也會藉由 malikuda 中的 mikesi(河祭) 儀式洗掉過去不好的種種，迎接未來嶄新的一年。

傳統 malikuda 的前 3 天須男性上山打獵並過夜，婦女則在家準備今年收成的 fuseni（稻米、小米、芋頭、地瓜、南瓜），共同準備豐年祭的 sapatafang（祭品）與和族人分享的食物，在接下來的 mikesi（河祭）準備中也需合力採取 sawalak（毒魚藤）建 tada、tafa（河霸）合力捕撈漁獲以在 mikesi 當日共同享用漁獲。不過在時代變遷下，人口流失嚴重，不只儀式簡化，在祭典食物上的取得也多以購買取代打獵或捕撈。

頭目張萬生說，Kaadaadaan（電光）每年所舉行的 malikuda，原本是在每年的 7 月中旬（過去是一期稻作），現今為了顧及 7 月份要進行二期稻作的整地及注意播種插秧的工作，又要舉行 malikuda 的活動，部落深感人力不足，所以經長老商議後，改由農閒時舉辦。malikuda 曾在戰後因里長是漢人而堅持拒絕舉辦，有過停辦一年的情形，但之後隨里長換人，年祭又每年照常舉行，至今不曾中斷過。

現在的 malikuda 已根據現代的需求有所調整，辦理需要一段前置作業的流程。原則上會在農忙前辦第 1 次籌備會 (Miru'it)，2008 年則決議往後在每年的 6 月第 2 個禮拜日晚上，由總務組 (Mikumuday) 及憲兵組 (Mihininga) 召集部落長輩來活動中心召開 malikuda 的活動事項及流程，當天徵詢長輩意見決定當年辦理 malikuda 的時間，接著就開始籌備。malikuda 近幾年來多半選在 8 月第 2 週的週末時日，結合 8 月 8 日父親節的慶祝來辦理，以慰勞辛苦的父親。如果當年關山鎮舉辦聯合豐年祭，而 Kaadaadaan（電光）部落時程上可以配合，也會視情況調整 malikuda 的辦理時間。

註 [6] 參考整理自頭目張萬生的訪談紀錄，以及張萬生編著，2008，《電光石火─電光部落文史紀錄》，臺東：臺東縣關山鎮電光社區發展協會，頁 60、61、66。

重要的祭祀料理 — irang no diyong 豬血肉湯

2019 年 malikuda 時分豬肉及共享 irang no diyong
（拍攝 / 鄭丞志）

這是 Kaadaadaan（電光）阿美族在每年 8 月進行 malikuda（年祭）籌備工作時會有的傳統飲食。這道傳統料理在部落實際上並無明確的中文或族語名稱。至於現代人所稱「血肉模糊湯」這個名詞，據頭目張萬生的說法，推測是從鹿野永安部落傳過來的。

由於這道料理本身除了豬肉外，最重要的靈魂食物是豬血。因此他總記得老人家如果沒有看到這道菜出現時，就會說「misasirawan a tefo」（怎麼沒有豬血），來指稱這道料理，或是會很直接的說「irang no diyong」（豬血），直譯也就是豬血湯的意思。

malikuda 才會有的 irang no diyong（豬血肉湯）充份展現了阿美族年齡階級的豬肉分食文化。kaput（年齡階級）是阿美族部落社會運作的主體，也是社會凝聚力的重心。目前 Kaadaadaan（電光）最主要的祭典為一年一度 8 月份的 malikuda（年祭）和 mikesi（河祭），皆由 kaput 來執行。年祭前一晚通常舉行 pacala'（祈福儀式），除了祭品本身，亦會將貴重的豬頭 fungun（上顎）及 cala'（下顎）贈予部落最年長的兩位耆老。而豬隻的其他部位如豬頭肉、

豬肉將會均勻切塊，務必一定要分享給部落每一個人，剩下的內臟及豬血則料理作為 irang no diyong (豬血肉湯) 共享。

　　malikuda 舉行時，無論豬隻的分解處理、烹煮、分肉，乃至 irang no diyong (豬血肉湯) 的料理，皆以部落男性輪值負責的年齡階級為主，廚房重地是女性不得進入參與的。部落流傳說，這個節日是部落女性最輕鬆的日子，只要把自己打扮得漂漂亮亮，在會場跳舞就好。

　　豬隻的分解處理過程十分繁複，然而 irang no diyong (豬血肉湯) 的傳統料理方式卻十分單純，只要水煮豬肉及內臟，最後再加上豬血，施放鹽巴調味即可。這道料理隨時代的演變，後來也會放入醃芥菜 (misalinaloan a kolang)、醃筍 (misasirawan a tefo) ，或是新鮮竹筍進湯鍋熬湯。頭目張萬生說，無論 misalinaloan a kolang 或是 misasirawan a tefo，早期傳統上阿美族會日曬用鹽醃製，做法與客家人不同。

每一塊豬肉都必須切等分，同時考驗負責分豬肉的階級

廚房重地 - 處理豬隻的重要場所，女性不得進入

豬肝等內臟是最珍貴的，必讓長者優先

料理步驟

1_ 將豬隻表層火烤去毛

2_ 清洗同時將豬毛刮除

3_ 以刀自豬腹切開，取出內臟後清理

4_ 將大塊豬肉放入已燒好的水中川燙

5_ 一人負責等分切豬肉，另一
人將剩餘豬肉分切煮湯用

6_ 將醃筍放入預備煮豬血肉湯
的湯鍋中

7_ 再倒入新鮮豬血

8_ 最後將料分裝好後裝湯，一
樣要等分

9_ 年輕階級於大會上分送豬血
肉湯及豬肉給長輩

酒麴・酒釀・蒸餾米酒。

kusany 傳統酒釀

'epah 蒸餾米酒

釀酒的靈魂─ekak（酒麴）

　　早期在Kaadaadaan（電光）阿美族的部落社會裡，會在大家一起捕魚、割稻、蓋屋等齊力完成工作後 pakelang（感謝眾人付出的分享儀式），或是年祭時進行 pacala'（祈福儀式）以 sapatafang（祭品）感謝祖靈時，飲酒敬賀或祝禱，且以 kusanay（酒釀）為主。

　　而製作出酒釀的 ekak（酒麴），則是相當重要的靈魂食材。然而，在阿美族社會中，酒麴製作只傳長女，且加上現代商業酒精飲料普及，酒麴的製作技術逐漸流失。部落頭目張萬生師承於池上大埔村的恆春阿美族耆老，習得以 10 種草藥製作酒麴，並秉持科學精神，研究出穩定的配比後，為不讓此傳統知識技術流失，不吝教學推廣。

121

Tahuk Malulang
張萬生

留住傳統酒麴手藝的頭目張萬生

張萬生，阿美族名 Tahuk Malulang，1947 年出生，為 Kaadaadaan（電光）部落頭目。曾任臺東縣議員、關山鎮民代表，以及農會代表、理事等，為人服務熱忱，亦是電光部落對外發聲的代表耆老之一。張萬生本身亦是重要的文史工作者，對於保存部落文史具有極大熱忱，曾協助關山鎮電光社區發展協會於 2008 年出版《電光史火》電光部落文史紀錄。

張萬生回憶兒時，生長在二戰後的年代，生活相當辛苦。從小在電光國小旁的聚落生活成長，居住所在皆為茅草屋的搭建樣貌，也包括學校建築本身。1954 年的大地震，震垮了學校建築，全校因而曾移至基督教會上課。而張萬生家中自行修建的茅草屋，後來則在 1970 年代政府補助修造屋頂時，改建搭成瓦屋。張萬生國小畢業後，當時政局經濟尚不穩定，什麼工作都做過，包括種香茅、伐木等工作。他提到，當時工作很辛苦，一天工資 12 元，物價則 1 元約可買 10 顆糖果。

然而在那樣艱困的年代，張萬生依然珍惜家鄉部落歷史文化的情感，堅持個人興趣，自 12 歲每天寫日記，紀錄有關長輩口述歷史的內容。這樣的紀錄習慣持續到現在，而這些累積也逐漸成為相關文史資料或書籍出版的重要參考。

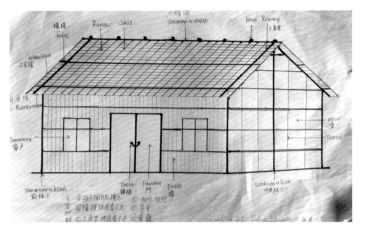

頭目張萬生手繪 Kaadaadaan(電光)部落傳統家屋

　　為人熱心的張萬生，於 36 歲時開始從政，曾擔任兩屆農會代表、理事，並擔任三屆鎮民代表；2010 年開始擔任兩屆議員，為期 9 年。之後，他依然對 Kaadaadaan（電光）的傳統文化、祭典、家族史的保存紀錄不遺餘力，也推動部落族人至恆春尋根的文化活動。

　　近年，張萬生對於阿美族釀酒傳統知識的保存，投入許多心力。張萬生提到這段淵源，主要是來自 2002 年他擔任母語認證的學員時，意識到部落原有的酒麴及釀酒技術逐漸失傳，因此便向來自池上大埔村的恆春阿美族學習，以自己擅長量測及紀錄的方式，研發製酒的穩定配比，同時也復育了製做酒麴所需的傳統植物。

　　在製酒的時候，張萬生每每說到酒釀的珍貴，懷念著長輩說過的部落早期生活，那是在大家一天齊心勞力工作後 pakelang 的時候，才能聚在一起開心享用的時刻。然而日治時代禁止私釀的規定，使得釀酒的技術難以跟著 pakelang 的習俗延續下來，相關的知識也就越來越少。為了恢復及應用這項釀酒傳統知識，張萬生不吝教學，經常將其寶貴的知識與方法在部落交流，授予求知應用的學習者。

padatengan 自家田圃

　　釀酒的靈魂 ekak (酒麴)，主要來自老酒麴、植物、米、陽光、氣候與時間的結合發酵而成。在 Kaadaadaan (電光)，由頭目張萬生所製作生產的酒麴，重點材料來自十種植物所熬煮製成的草藥水。這十種植物分別為大葉田香草、雞母珠、艾納香、大風草、山素英、小黃菊、過山香、山澤蘭、九層塔、艾草，大部分各有其特殊香氣及藥性功能。

　　在 Kaadaadaan (電光)，由於以往製酒的方法僅止於家族間流傳，而且只傳長女不傳男、更不得外傳，製酒禁忌也不少，因此至今無法知曉原電光部落製作酒麴使用的植物及其生長來源。

　　張萬生就其所學，為了保留製作酒麴重要的十種植物，四處找尋相關原生植物，如池上鄉振興村以北處，並將其帶回復種於家中田圃。惟大葉田香草需要在乾淨流動的水源才能生長，多長在水田或濕地沼澤的環境中，或許因為農藥或除草劑的使用，近年已相當少見，經常有取得的困難。

＜　頭目張萬生於部落附近林間採集製作酒麴
所需的植物

＞　林間野地裡生長的 Ka^atayay (山素英)

張萬生家後院種植環境

頭目張萬生將採集來的酒麴植物復種
於自家後院田圃

春天多為這些植物適合生長的季節，
也因此酒麴經常會在春末夏初之際製
作，亦為容易發酵成功的季節。然而，
近年因氣候變化的關係，植物生長趨
緩，有延至7、8月才能採集製作的情
形。目前製作酒麴所採集使用的植物，
幾乎來自張萬生採集復種在家中後院
的田圃。

酒麴植物

Takora' 九層塔

Talawi 大葉田香草

Amilah 大風草

Ka^atayay 山素英

Patapang 小黃菊

Fanglay 美洲闊苞菊

Karumaca 過山香

Palifan 山澤蘭

Karatum 雞母珠

Kapoiyongay 艾草

misanga' to ekak
酒麴製作

酒麴製作主要有兩道工序。第一道是先採集製作酒麴的植物煮製成 salag（草汁）備用，第二道則是搗米成粉後揉製成酒麴米糰培養麴菌。採集的植物、使用的米種、老酒麴，與氣候、陽光、溫度、時間交互作用，食材質地與時空環境掌握得宜，是製作酒麴成功的關鍵。

食材

採集 10 種製作酒麴的植物各 600 克

Talawi 大葉田香草

Karatum 雞母珠

Fanglay 美洲闊苞菊

Amilah 大風草（艾納香屬一種）

Ka^atayay (Kafo' i say) 山素英

Patapang 小黃野菊（別名：油菊）

Karumaca 過山香

Palifan 山澤蘭

Takora' 紅梗九層塔

Kapoiyongay 艾草

nanom 山泉水 30 升

felac 白米（蓬萊米）1 升

ekak 老酒麴（做酵母種）2 顆

九層塔	大風草	大葉田香草	小黃菊	山素英
山澤蘭	美洲闊苞菊	艾草	過山香	雞母珠

hatapes 藤竹篩出自早期部落內擅長藤竹編的師傅
之手，現收藏於家中。

器具

dangah 鍋子 (熬煮用)

parod 爐子

kaso 瓦斯 1 桶

data 木製量米器（1380 公克 1 升）

hatapes 藤竹篩

safitay 40 目篩 (現用 40 目不鏽鋼篩網)

asolo 杵

tifekan 臼

fintang 盆子 (現用鋼盆)

fusuk/cawfan 白麻布 / 棉被 (或布毯)

石杵為張萬生的家族長輩撿拾卑
南溪中石頭磨製而成，後用藤環
固定，現收藏於家中。

頭目張萬生家中使用歷史悠久的量米器

大鍋熬煮十種酒麴植物

製作工序

一、熬煮 salag (草藥汁)

1_ 準備山泉水 30 公升及每種植物各 600
　　公克，放入大鍋內，蓋上鍋蓋烹煮。

2_ 水滾後轉小火，熬煮 4 小時以上。

熬煮 4 小時後萃取出草藥汁液

3_ 時間到後嚐看看味道，若味道微甜且
　　入喉後會回甘，即為完成。

4_ 完成後將整鍋草藥汁放涼備用。剩餘
　　未用完者，可預先裝瓶放入冷凍庫保
　　存，每瓶裝約 600cc，待下次製作酒麴
　　時，可直接解凍使用。

過濾葉渣後將草藥汁放涼備用

二、製作酒麴

以 hatapes(藤竹篩) 瀝乾

1_ 準備 1 升白米 (蓬　　2_ 白米先泡水 5-10 分鐘後予以瀝乾。瀝乾程度
　　萊米) 及 600cc 草　　　　為手抓一把白米再放開後只有部份米粒在手
　　藥汁。　　　　　　　　　掌上的濕潤度。不可太乾，避免樁米時米粒
　　　　　　　　　　　　　　易彈出臼外。

以四十目篩網過篩，將粗顆粒
重複入臼以杵搗碎，直至全部
粉末過篩網。

3_ 瀝乾的白米放入臼內，以石杵開始搗白米，將搗碎的白米過篩，但不可
太細，可過篩即可。重複搗米過篩的動作，直至所有白米過篩完畢。

4_ 過篩的白米粉放入盆子內，分次加入 600cc 藥水攪拌揉成一團米糰。自
完成的米糰依每顆 22 公克取小糰揉成湯圓狀，應可揉成 100 份。

5_ 揉成湯圓狀的小米糰放在篩子上，每
顆米糰間需有間隔，不可黏在一起。

6_ 將一顆恢復活性的舊酒麴酵母搗成粉
狀，均勻灑在所有的小米糰上。(製作
前應先取舊酒麴至室外回溫 2-4 小時，
使酒麴酵母恢復其活性)

7_ 用毯子將篩子覆蓋增加溫度使其長菌絲。三天後觀察其發菌情況，每顆小米糰表面都需長白色菌絲。如未完成則繼續覆蓋，如都長出菌絲，則可掀開毯子拿到室外曬太陽。曝曬時間為每天早上至中午半天即可收至室內，重複曝曬約15天，黏在篩子上的小米糰乾燥後即會自行脫落，即已成為酒麴不需用手剝離。

8_ 做好的酒麴裝入夾鍊帶內放在冰箱冷凍保存。

日曬於日光通風處，每日隔網日照約半天，風乾直至白毛乾燥即可。

133

misanga' to kusanay
傳統酒釀製作

食材

ecay data 糯米　1 升

ekak 酒麴　1 顆

nanom 礦泉水或冷開水　600cc

器具

lalidingan 傳統蒸斗

dangah 製酒容器 (不鏽鋼鍋)

datahaf 蓋子 (鍋蓋)

fusuk/cawfan 白麻布 / 棉被 / 布毯

製作工序

1_ 糯米洗淨泡水 4 小時以上。完成後用傳統蒸斗蒸熟，糯米蒸熟待冷卻放涼後備用。

2_ 取酒麴一顆，將之回溫後，搗成粉狀。根據耆老所述經驗，通常為 1 升（1380 公克）糯米配 1 顆酒麴的比例。

3_ 將糯米飯、酒 、礦泉水放入製酒容器內，充分攪拌糯米飯使其不可有結塊狀，礦泉水在依米飯之濕黏度適度調整加入的水量。

4_ 攪拌完成後壓平，中間挖個酒窩（洞），蓋上蓋子後，再以
毯子包住整個容器使其發酵。

5_ 等待其轉化，夏天的話約 2-3 天後即可嚐嚐味道。發酵時間
愈久，酒精濃度愈高，可依個人口味喜好拿捏發酵時間，成
品可裝罐放置冰箱冷藏，保持最佳品嚐風味。（注意：太甜
可再加水稀釋，苦酸表示過度發酵，要馬上冰存。）

mitangtang to 'epah
蒸餾米酒製作

食材

kusanay 酒釀　1升糯米做成的量

ekak 酒麴　7顆

nanom 礦泉水或冷開水　4200cc

器具

蒸餾設備：大鍋鼎、蒸餾桶、冷
卻桶。
張萬生曾聽長輩說過蒸餾桶在日
治時期為木製，現在則為不鏽鋼
訂製。

製作工序

1_　釀酒比例為1升糯米1顆酒
麴，蒸餾酒則再加強酒精
(mikaliw)。即每1升糯米飯
製作好的酒釀，再加7顆酒
麴及4,200cc的礦泉水，繼續
發酵15-20天便可蒸餾。

將發酵好的加強版酒釀倒入蒸餾煮鍋中

2_ 蒸餾製酒：發酵之釀酒放入大鍋內，蓋上蒸餾桶及冷卻桶後，開始起火。大鍋、蒸餾桶與冷卻桶的放置應維持水平，大鍋與蒸餾桶之間的縫隙可用毛巾或布條填塞。

確定煮鍋水平後，將蒸餾桶裝上煮鍋，進出水口處稍斜一點擺放。

3_ 高溫蒸餾在前段蒸餾約 20 分鐘，酒精濃度可高達 50 度以上，繼續蒸餾到 22-25 度左右即完成蒸餾。

約過 40 分鐘後測量之酒精濃度為 30，再持續蒸餾一點時間達 22 度為最合適濃度。

裝置就緒後點火蒸餾製酒　　盛裝流出之酒精，並以酒精度計測量

siraw

醃肉。

siraw（醃肉）是 Kaadaadaan（電光）阿美族現今十分普遍的一道家常料理，更是出外求學工作的遊子心心念念、不忘攜帶的家鄉味。早期部落家戶多圍有豬圈，幾乎會養豬。即使如此，diyong（豬）是家中重要的財產，titi（豬肉）本身是相當珍貴的食材，多半在特定節日或喜慶日子才會特地殺豬分享給前來參加的親朋好友，在冰箱尚未出現或發達的年代，siraw（醃肉）則作為保存珍貴食材的一種古老醃製方式。

正在做 siraw 的寶媽

潘寶瑩

　　潘寶瑩，大家都稱她寶媽 (以下
以此簡稱)，1969 年生，為電光社
區發展協會理事長，亦曾任電光里
里長，對所在村里社區大小事務服
務熱忱，並積極推動地方環境與文
化的營造，以及社區長輩的樂活照
護。寶媽分享示範她從小學會且擅
長的料理，siraw (醃肉)—阿美族的
傳統肉類醃製方式，接著娓娓道出
背後一段生命故事。

寶媽約莫在 11、12 歲的年紀來到電光，受 Kaadaadaan 的土地滋養，求學工作結婚定居生活至今。寶媽的父親伍國祥來自四川，為韓戰時期來到臺灣的職業軍人，主要在高雄旗山服役；母親則來自臺東的南王部落，為卑南族人。他們婚後暫居在臺東池上的娘家，直到孩子出生後，伍國祥便申請退伍轉就職宜蘭的森林開發處工作，並舉家遷至宜蘭定居。寶媽和弟弟便從小在宜蘭成長，直到她讀小學 5 年級時，母親因病過世。當時父親因工作忙碌無暇照顧，便安排她寄宿生活在臺東關山電光的阿姨家。

　　Kaadaadaan（電光）為海岸山脈與卑南溪流所環繞的河階地聚落，居民多以務農為生，而寶媽阿姨家則是在村中少數開雜貨店為生的店鋪，生意因此十分忙碌。寶媽則一方面念書、一方面在雜貨店工作幫忙的生活環境下長大，先後讀電光國小、池上國中，到關山工商畢業。寶媽的父親後來遷至電光同住，並與當兵同梯的友人張俊山一同在雜貨店裡幫忙。張俊山是河北人，早先於寶媽來到電光此地居住，一直在雜貨店工作。生活在以阿美族及閩客族群為主的聚落，當時的雜貨店除了販賣一般生活用品，也會販賣阿美族習以為常的醃製肉品 siraw。1980 年代當時的阿美族家家戶戶其實都會自己做 siraw，不過還是很多人會到店裡購買，有的是一早上山就可以帶著配飯吃，有的是自己做不及，工作時帶在身邊方便食用，也有的是買來寄給出外求學或打拼的家人。張俊山雖是外省人，但當時販賣的 siraw 多半由他負責製作，一次製做 20 斤的豬肉量。自學校畢業後的寶媽，便在雜貨店工作，也跟著張俊山學做 siraw，到後來，店內的 siraw 幾乎都由寶媽負責製作。她也在耳濡目染下，不僅熟悉商店生意買賣，也學上一些阿美語和客家話。

招牌酒釀滷豬腳

永欣和小孟經營寶媽食堂

siraw 飯糰與時蔬

　　寶媽婚後育有四個孩子，目前排行老三的女兒永欣畢業後也在家鄉部落 / 社區幫忙。因為對料理的興趣與專長，一起在社區做料理為長輩供餐，2020 年和想定居電光的青年朋友小孟接手經營「寶媽食堂」。除了將一些在地長輩種植的作物、蔬菜或醃製加工的蘿蔔乾、竹筍、芥菜等在地食材納入餐點外，也開發新的料理可能性，例如將製作飲品 kusanay（酒釀）過濾剩下的酒粕用來滷豬腳、雞腿作為主菜，形成別具酒香甘甜風味的菜色。此外，偶爾也會將 siraw 入菜，以現代年輕人較習慣的吃法做成 siraw 飯糰，將傳統食材以新姿態延續下去。

　　siraw（醃肉）雖然在阿美族聚落十分普遍，且家家都有自己的版本，但對寶媽而言，兒時的飲食記憶除了小時候父親做的蔥油餅、大滷湯麵，以及外省叔伯的饅頭外，就是 hakhak（糯米飯）和 siraw 了。這是她會做、習慣做，也認定是家鄉味道的一道菜。

padiyongan
早期豬舍

部落早期不少家戶都會在自家圍豬圈養豬。部落長輩提到，約莫1950年代，一個家戶至少會有 1-2 頭。diyong（豬）在當時十分珍貴，僅在年祭或特定喜慶節日才會宰殺分享食用，多餘的就會 siraw 保存下來，不像現在如此普遍。

在當時，家戶宰殺豬隻無論是申請自用或出售，都需要到當地機關報備並繳納屠宰稅，包括耕作的牛隻年老屠宰也需繳稅。因此當部落為因應喜慶祭典需求使用豬肉時，便會邀集需要豬肉可分擔豬隻與宰殺費用的族人，找好一定人數後，再私下於半夜殺豬分豬肉。這改變了部落族人過去在白天處理豬隻的習慣，當時老人家都得先把小孩子帶走，於凌晨四點左右豬隻因飢餓而大叫時宰殺處理。隨著屠宰稅的政策與肉品市場的發達，部落越來越少人養豬。

1987 年後屠宰稅走入歷史，但部落家戶有養豬的人也不多了，之後幾乎以商業養豬為主。時代變遷下，現今多習慣至關山鎮市場採購新鮮豬肉。而 siraw 作為過去保存肉類等珍貴食材的方式，也因今日肉類保存便利、料理多元，相較過去有減少的趨勢。不過仍有不少部落族人依舊習慣 siraw 的風味，因此像這樣的傳統保存做法還有機會延續下去。

siraw

醃肉

　　siraw 的製作，有幾個訣竅。第一是使用的 titi (豬肉)，要是溫體五花肉，不能冰過。而且通常老人家喜歡肥一點，瘦肉不用太多。第二是豬皮須用火炙燒。早期沒有噴槍時，老人家是用點火稻草束來回在豬皮上將豬毛燒掉，如果沒有這道手續，豬皮會像口香糖一樣難咬。除此之外，炙燒過的豬皮，醃起來皮會 Q 彈有香氣。第三是最好的醃製比例為一斤肉配一兩鹽。寶媽說，以前跟長輩學的時候沒有精準的配比，都是憑感覺和經驗，這是自己後來研究找到的最佳比例。

　　傳統做法是將豬肉切成切成小塊，按配比放肉和鹽於鍋子中攪拌均勻後，開始鋪放於陶甕中。必須要鋪放的很實，不留空隙，最上面灑一層鹽巴隔絕空氣，最後封起來。3 至 5 天後，看血水的狀況與豬肉是否有變色，若肉色變深，便全數倒出放在大鍋裡。將血水排除後，再倒一碗溫熱的白米飯攪拌均勻，幫助發酵，再重新鋪放回甕裡。放回陶甕之前會用米酒先消毒過，擺放米飯拌勻的豬肉時要裡壓緊壓實，不留空隙，但最上層不用灑鹽。封蓋，約放置二週後可食用。

食材

titi 溫體豬五花肉　10 台斤

cinah 鹽巴　10 兩 (375 克)

felac 米飯　一碗 (蓬萊米，電光自種，栽種品種臺南 13 號或高雄 139 號)

器具

dangah 湯鍋，現用不鏽鋼鍋

'epah 米酒，現用酒精

tilong 陶甕，現用玻璃罐

lalidingan 傳統蒸斗，蒸米飯用)

料理步驟

工序 1 醃肉

1_ 溫體五花肉切長條，並將豬皮炙燒過。

2_ 將肉條切成塊，10 斤豬肉切成約 5*2 公分小塊含肥帶瘦。

3_ 備 375 公克的鹽巴與肉塊倒入鋼鍋後充份拌勻。

4_ 將拌好的鹹豬肉裝於玻璃瓶中，將肉塊在瓶中壓實不留空氣。

5_ 將瓶蓋以酒精消毒後，旋上內蓋與外蓋，完成後靜待三天釋出血水。

工序 2 放血水拌米飯醃

1_ 3日後已看出瓶中釋出血水，肉色也變深。

2_ 以蒸斗將米飯蒸熟，熱米飯先攤開散熱至微溫。

3_ 將玻璃瓶中的血水倒出。

4_ 將米飯鋪放於鋼鍋中後，將一塊塊豬肉撈至鍋中置於米飯上。此時應注意越底部血水多，豬肉需稍甩一些血水再放至鍋中。

5_ 沖洗玻璃空瓶，並以酒精消毒。

6_ 將豬肉與米飯均勻攪拌。

8_ 裝填完瓶口再度用酒精消毒，並盡量將空氣擠壓出來後快速蓋上內蓋，再栓上外蓋後即完成。

7_ 將拌勻米飯後的豬肉裝回瓶中，壓實肉塊不留空隙。

9_ 靜置陰涼處約兩周後可食用。

Siraw 新嚐試 ─
美式 Siraw 炙燒飯糰

黃瀚與 Kapi 阿公，農閒時身兼社區
導覽員推廣電光在地特色與有機農
業理念。

「日出禾作」品牌經營者黃瀚，是
Kaadaadaan (電光) 阿美族年輕人。大學
念精緻農業系的他，一畢業即返鄉種稻
推廣有機農業，自產自銷有機米，並建
立「日出禾作」品牌；即以電光日治時
期地名「日出」，隱喻電光所在日出之
地這片土地，以及本業種稻之「禾」與
在地「合作」共好的理念，發展平台推
廣在地農產。

農閒之餘，他擔任社區導覽員，介紹在地特色與農產，另也發展禾作吧檯推廣電光米和咖啡。他所研發的特色輕食其中一道便是將 siraw 炙燒，配上在地生產蒸煮的米飯捏成的飯糰，以及加上一味電光的醃梅或梅醬，為傳統 siraw 提出新嘗試。siraw 原先生凝的油脂因炙燒提升微烤的香氣，醃梅清爽解膩，讓一般畏懼 siraw 生肉口感的外地旅客接受度更高。無論美式 siraw 炙燒飯糰，或是美式烤麻糬等輕食，搭配手沖電光咖啡，便是一道精緻別具在地特色的下午茶餐。

黃瀚以嫻熟的烘豆與手沖咖啡技術推廣在地咖啡

炙燒中的 siraw

美式 siraw 炙燒飯糰成品照

'okak a siraw

醃肉骨。

siraw（醃肉），是阿美族以鹽醃製豬肉熟成的傳統保存方式。在 Kaadaadaan(電光)，也會有阿美族人家將 diyong(豬) 的 'okak（肉骨）做成 siraw(醃肉骨)，這是 fayi Hongay 高美麗家族的作法。部落中也有其他家族如 faki Kapi（吳正福）會如此醃製，本著惜物不浪費的精神，能藉由醃製保存下來的部位都會盡量做成 siraw。

在過去，醃製的排骨即便食用之後的骨肉殘餘仍然會保留下來，等候筍子的季節一到，便會加在一起煮湯，湯頭特別美味，骨肉也得以啃食乾淨不浪費。然現代講究衛生，大家已不這麼做，通常是將完整的醃排骨與新鮮或醃過的筍子煮湯，即是一道美味湯品。

Hongay Kakupa
高美麗

　　高美麗，阿美族名 Hongay Kakupa，1956 年在 Kaadaadaan (電光) 出生長大。siraw (醃肉) 配 hakhak (糯米飯) 是她從小到大再熟悉不過的飲食記憶，熟捻各種 siraw 的製作方式，也是習慣會想一吃再吃的料理。

　　高美麗的家族來自恆春，其間也遷徙臺東境內多處。氏族名 Kakupa，有牛之意，因曾居住在小馬武窟稍北 Kakupa 這個地方而得名。父親高文勝和哥哥高仁德皆為專業馬拉松運動員，經常到外

高美麗與寶媽

縣市比賽。高美麗是家中最小的孩子，兄姐很早便出外工作，而她在電光國小念書時，也為了幫忙家裡生計，經常得跟老人家去放牧家中飼養的牛隻，直到成年。在這段放牧工作的歲月裡，她總自己準備便當，最常吃的便是 siraw（醃肉）配 hakhak（糯米飯），是她兒時最深刻的記憶。

高美麗 18 歲成年後，曾和鄰居北上臺北板橋的紡織廠工作。當時公司三班制輪班，包吃包住，每個月的薪水 800 塊，她會自己留 100 塊，將大部分的錢寄回家。然而工作不到兩年後，為了照顧生病的父親，回到電光。後來在農事換工時結識了現在的丈夫，20 歲結婚，至今兒女成群，鮮少離開電光。

'okak a siraw（醃肉骨）是她結婚生兒育女後，為了做給孩子吃，憑著記憶，按照母親的做法做出來的一道料理。小時候，只要家裡過節或有喜慶，就會有豬肉需要大量醃製，各種部位都可做成 siraw，包括豬腸子之類的。醃製熟成後，幾乎每天都會拿來食用。'okak a siraw（醃肉骨）非常好吃，也是孩子們愛吃的一道菜。家中雖然沒有人會教她如何做 siraw，但高美麗將深植記憶腦海中從小看到大的料理身影，再度復刻，做給孩子吃，如今已是擅長各種 siraw 製作的料理好手。

'okak a siraw
醃肉骨

'okak a siraw (醃肉骨) 的作法跟 siraw (醃肉) 大同小異,稍微不同的是因為肉品部位不同,需要醃製的手法、鹽量與時間會不一樣。不過相同的是,都會加上蒸熟的蓬萊米飯進行發酵,以及雙手必須事先清洗乾淨、醃製容器亦需消毒乾淨。

吃法上,高美麗家習慣 'okak a siraw 配飯吃,不會特別拿來煮湯。反倒偶爾會煮一鍋野菜湯加菜,就是豐盛的一餐。

食材

'okak 新鮮溫體豬肉骨　5 斤

cinah 鹽巴　適量

felac 米飯　半碗 (蓬萊米,蒸熟放至微溫)

器具

'epah 米酒,現用酒精

fintang 盆子,現用鋼盆

tilong 陶甕,現用玻璃罐

lalidingan 傳統蒸斗,蒸米飯用

料理步驟

1_ 準備的肉骨盡量切成
小塊 (約 2*3 公分)，
以利入味。

2_
將肉骨放置盆子
中，灑鹽適量，再
搓揉肉骨，使肉骨
吃進鹹味。每隔 10
分鐘灑鹽一次，並
持續搓揉，如此總
共約 4-5 次，40-50
分鐘。

3_ 試鹹度，傳統以手指沾舌尖，如覺鹹度不
夠，則需再放鹽繼續搓揉一段時間；如有
一定鹹度，即可裝瓶。

4_ 將玻璃瓶以米酒消毒，再將肉骨塊裝瓶，
從底部排列，不留空隙，務必壓緊壓實，
堆疊至最上層後，將些許鹽巴灑在最上層
以隔離空氣。栓上瓶蓋，靜置 3 天。

5_ 3 天內觀察是否釋出血水，如肉色由鮮紅
轉為暗紅，即需將瓶中血水排光，將排骨
倒至盆中。

盆中轉暗紅色的肉骨

6_ 將米飯蒸熟，放至微溫程度後，分批拌入放置的肉骨盆中，均勻攪拌。

拌完飯狀態

靜置半年後可食用的醃肉骨

7_ 拌勻後重新裝瓶封蓋，約半年後可食用。

一碗飯配上一塊排骨是 'okak a siraw (醃肉骨) 的標準吃法

fayi 會做的另一種 siraw — tinai' a siraw（醃豬腸）

醃豬腸裝罐

醃製熟成的豬腸子

過年个點心

假柿仔。

假柿仔，用米做的傳統客家點心，因為形狀、顏色與柿子相似而得名，原是桃竹苗一帶客庄在農曆過年時用來祭祖的粄食之一，海陸話稱說 gaˇkier，四縣話稱 fad bauˋ（發包），到了臺東則自然有了四縣混合海陸的用語及腔調，當地人也有稱 gaˇkiˇbanˋ（假柿粄）。

假柿仔的材料和味道類似同樣用來祭祖的粄食「發粄」，主要是製程略有差異，而有不同結果。發粄的粄面隆起綻裂如花開嘴笑，代表喜慶臨門好兆頭，大籠床發粄用來拜天公、新春祭神，小碗發粄用來祭祖、拜伯公；假柿仔則抓捏塑形如柿子大小，加黑糖、粄面隆起不綻裂，使其色形如「柿餅」。因為早期竹苗地區著名的果乾「柿餅」是相當珍貴的茶點，有一說是客家人在過年前忙著打粄祭祖時，給孩子們解饞所做的點心，也有一說是年節祭祖後客人到家裡拜訪時的宴客點心。遷自苗栗南庄的伯姆彭月英，兒時印象中，阿婆在過年的時候會從她的陶缸裡，挖出一小團充滿發酵香氣的米糰，揉揉上鍋蒸一下，吆喝孩子們吃點心，是她最開心的記憶。

「動難做哦！」Kaadaandaan（電光）的客家媽媽們一聊起假柿仔，對它是既懷念又嫌麻煩。麻煩的是，揉勻的粄團發酵控制很重要，得時不時需拿出搓揉避免過度發酵；懷念的是，這是兒時在故鄉年節難得的甜食記憶。由於其傳統製作工序相當繁複且不易成功，現會做的人已不多見。

檢視發酵情形的彭月英

彭月英

彭月英，1952年生，Kaadaadaan（電光）廣興聚落的客家人。在廣興，每逢節慶，彭月英總會製作各式客家料理或醃漬物，在今日客家人口為數不多的小聚落裡，彼此分享也保留著日常的飲食慣習。

彭月英出生成長在苗栗南庄，家族約在1950-1960年代東遷拓墾，多數到池上種田。不過彭月英則是在南庄待到16歲，才隨舅公到東部發展，童年時期多與阿公阿婆一輩的長輩相處，保留不少傳統農事生活與飲食習慣。

彭月英隨舅公一家搬遷到電光，與其他移居至此的客家人一樣，主要住在鄰近阿美族聚落南邊近山處的廣興客家聚落。這裡是日治時期來自新竹及苗栗至咖啡會社工作及拓墾的客家人所逐漸形成的聚落，戰後陸續也有客家移民來此種香茅及農耕者。當年舅公因著親友邀約到電光開墾，電光一小塊一小塊的田地錯落有致的坐落在河階地上，當時全家都得下田幫忙。彭月英跟著家中長輩務農，養牛種田，幫工的時候也會準備點心給幫忙的人吃，如粄圓、糍粑、米箕目等已是日常農作十分熟悉不過的米食。彭月英也在農事幫工時結識並嫁給了同樣來自苗栗的客家人彭双福，在電光成家立業，定居下來。

　　今隨兒女皆成長自立，彭月英則過著經營自己小菜園的退休生活，總依著時令不間斷地在菜園中種上習慣食用的蔬菜，做成一道道客家人習慣吃的料理。像是每逢清明時節，菜園中的艾草生長繁茂，也是製作艾粄的時刻，今在縱谷電光甚至臺東市場皆可在此時吃上彭月英及其女兒所做的艾粄。至於「假柿仔」，對彭月英及聚落內其他客家人而言，則是一道許久未做，但兒時都曾有過的飲食記憶。

　　在她的記憶中，假柿仔可是過年時才會吃到的甜食。假柿仔即便年節過後還能保存一至兩個月的時間，這對於 1950 年代的孩子而言，偶爾還能從陶甕中拿出吃上一兩口微微酸甘的甜食，十分珍貴。這是少數與彭月英同鄉的移民共有的回憶，今已十分少見。

ecan no niyaru
庄頭田坵

Kaadaadaan（電光）聚落向西臨至卑南溪沿岸的河階地上，是一片層層疊疊的美麗梯田景致，為此地大部分阿美族和客家人耕種所致，米食一直是此地居民的飲食傳統。

阿美族人早期飲食上以 doway（糯米）的種植和食用居多，hakhak（糯米飯）、hemay（糯米糕）常是上山或田裡工作方便攜帶的食物，kusanay（酒釀）也是以糯米製作。部落也有因為田地耕種而產生的傳統地名，例如「Katifekan」聚落水田中一處早期為水車利用卑南溪水力帶動碾米的地方；而位於聚落南邊的一條卑南溪支流，因為部落族人中有位叫 ciepang 的長輩在耕地時唱歌很大聲，大家因此稱這條溪的名字為「Ci'epangan」。不過因為種植技術與飲食的改變，現多為高雄 139 號、臺南 13 號的水稻品種，糯稻僅有復耕少數面積。

日治時期及至戰後移居此地的客家人，當時已水田化多栽植水稻。然客家人傳統使用在來米製作各種米食，如米漿融入當季植物的各種粄、蘿蔔粄、芋粄、艾粄等，或是粄圓、糍粑、米箕目等農事休息食用的點心，但後來也混合或甚至提高蓬萊米的比例製作。早期農業社會的米食料理僅管不同族群有各自製作及食用的方式，但都有個共同點，即是要在山上或田裡工作時方便攜帶食用，且易保存。

Kaadaadaan(電光) 聚落種植的有機田

　　彭月英製作假柿仔所使用的蓬萊米，主要來自自家種植的水稻。過去會自家留種、自行育苗、插秧種植，收成後自行打穀碾米。但現在已不留種，秧苗則購自秧苗場，並機械打田插秧種植及收割，再將收成送碾米廠碾米。現今水稻種植已全面機械化，且多以慣行農法種植。不過 Kaadaadaan（電光）因位居海岸山脈西側縱谷地理位置，蘊藏之土壤、水質、氣候及生態環境條件特殊，今有社區協會及在地農民加入慈心有機綠色保育認證，推動生產更友善環境的優質電光有機好米。

假柿仔 (海陸 : ga ˇkier)

　　擅長以米食做各式客家點心的彭月英，因假柿仔費工，已有多年沒做過這道點心，想著以前阿婆的做法，再次試著做做看。她說早期的做法是，先將米浸泡一個半天後用磨粄機成米漿 (更古老是用石磨)，裝在布袋中，再用長凳和擔竿以繩子綁緊壓乾成粄脆。粄脆要夠乾，再加上已發酵的老粄糰和糖後，揉成光滑的米糰靜置等待發酵。

　　發酵時間長短要看天氣，若是冬天要放上4到5天，天氣熱的話，發得就快，要發得像饅頭那樣膨膨的米糰才行。如果發酵的米糰太濕就會過軟，揉不起來。彭月英說，這時她的阿婆就會先將粄脆剝一塊去曬太陽，曬得越乾越好，乾到可以搓成粉末。然後將乾粄脆粉末灑一點在過軟的米糰上，便可揉成小糰。她也提到，以前聽老人家說，做粄的時候有個禁忌，就是打粄的時候不讓小孩子在旁邊，因為可能發酵會失敗膨不起來。

　　米糰發好後，用手抓取一塊一塊像柿子般大小的小米糰，放進舖了粄巾的籠床，幾十分鐘即可蒸熟。每次蒸只要抓取當次要吃的量即可，其他的米糰就收在陶缸裡，等到想吃的時候再取出來蒸。由於米糰放在缸內仍會一直發酵，通常放一周就會有點酸，因此時不時要揉一下米糰，阻止它發酵太快。米糰蒸熟後，如柿餅般模樣的假柿仔即告完成，可直接享用。

食材

蓬來米 (海陸音 pung loi miˊ，又稱內地米)　2 升

二砂糖 (砂糖，海陸音 saˋ tong)　1 公斤

烏糖 (黑糖，海陸音 vuˋ tong)　450 克

發粉　5 克 (應使用酵母粉較好，傳統則使用酵嫲，海陸音 gauˇma，含有酵母的米糰塊)

器具

工序 1.

挨粄 (磨米漿，海陸音 ai丶 ban／)，做粄脆 (海陸音 ban／ ce˘)

磨粄機 (海陸音 mo˘ ban／ gi丶)，傳統使用石磨 (海陸音 shag丶 mo+)

長凳 (長板凳，海陸音 chong den˘)

擔竿 (扁擔，海陸音 dam˘gon丶)

索仔 (繩子，海陸音 sog er)

布袋 (海陸音 bu˘ toi+)

工序 2.

做粄 (發酵、成形、醒麵，海陸音 da／ ban／)

盆頭 (海陸音 pun teu)，大小鋼盆各 1 個，傳統使用陶盆。

棉布 (海陸音 mien bu˘)　1 條

工序 3.

炊粄仔 (蒸米糕，海陸音 choi丶 ban／ er)

蒸籠 (傳統使用木製或竹製籠床，海陸音 lung cung)

快速爐 (以前使用灶頭，海陸音 zo˘ teu)

以板凳和擔竿磧燥 (加壓脫水)

早期挑重物也能壓乾粄脆的器具 - 擔竿

料理步驟

工序 **1** 挨粄、做粄脆

1_ 蓬萊米泡水 4 小時後，以磨粄機磨成米漿，裝入布袋。

2_ 用擔竿 (扁擔) 壓住裝滿米漿的布袋於長凳上，並以索仔 (繩子) 將擔竿與長凳前後兩端綁緊，使其壓出水份。約 5 小時後，取出放置冰箱 1 晚。（因天氣熱怕酸掉，若冬天做可不放冰箱）

工序 **2** 做粄 (發酵、成形、醒麵)

1_ 隔日將粄脆自冰箱取出，置於大鋼盆中，剝成數塊，將粄脆放置太陽下曬約半小時。

剝成小塊的粄脆曬太陽樣貌

加入烏糖

2_

在大鋼盆裡揉粄，先加糖，再放入發粉。不停地搓揉粄糰，將粄脆與糖和發粉揉勻，持續揉粄至表面光滑發亮後，移至較小鋼盆放置，準備靜置。

米糰和糖揉勻後再放入發粉

不停搓揉粄糰，將粄脆與糖與發粉揉勻

持續揉粄至表面光滑發亮

移至較小鋼盆放置，準備靜置

3_ 將鋼盆蓋上棉布靜置陰涼處約 2 日。

工序 **3** 炊粄仔

1_

掀開棉布，取出預食用的分量，揉成一顆顆小糰置於棉布上。

掀開棉布檢視發酵情形

將粄糰取出揉成一顆顆小糰

放入蒸籠試蒸半小時

2_

將上面放有小米糰的棉布一起放到蒸籠上，蒸約 30 分鐘後，即可取出食用。

假柿仔成品

春耕打芋粄，清明打艾粄

在 Kaadaadaan (電光) 有的客家人因襲家鄉的習慣，會在自家園子內種瓜種菜和一些常用植物，舉凡包粟 (玉米)、芋仔 (芋頭)、番薯 (地瓜)、番豆 / 地豆 (花生)、長豆仔 (豇豆)、艾仔 (艾草)、大風草 (艾納香)、抹草 (魚針草) 等 ......。在農耕生活的一年當中，會依據不同的時令節氣、神明祭拜，將當季的可食作物融入慣常的米 / 粄食中。

彭月英也是如此地積年累月照顧著自己的菜園，除了過年節會做各種粄食和點心，平常日子只要時間一到，還是會打芋粄 (製作芋頭糕)、艾粄 (艾草糕)、粄粽 (粿粽) 等。

若是傳統做法，工序繁複，通常會是村中的婦女大家一起做。其中也有閩南媳婦，像是來自臺中的李素蕊，承襲客家婆婆的料理好手藝，做出多道客家好料理。同時也在共做之間，帶入閩南文化的影響，像芋粄也是閩南人會做的芋粿巧，在這裡捏製的形狀彎曲成新月如廟裡拜拜的「筊杯」，類似中部閩南人中元普渡拜拜會做的芋粿巧形狀，臺語「巧」之意，即彎曲的意思。

彭月英家中菜園種的艾草

| 芋粄（海陸音 vu+ ban ˊ）

芋頭多於冬春之季採收，早期在種稻春耕插秧之後，家家戶戶輪流幫工挲草(除草)時，就會打芋粄作為工作休息時的點心。照樣磨米漿、做粄脆。芋頭剉籤，混合香菇及豬肉絲，灑上油蔥酥，粄脆攪打一起成糰。取一小糰一小糰皆揉捏塑形後，置於綠柚葉上進蒸籠蒸熟即告完成。油酥芋香濃郁撲鼻，是初春上工方便攜帶又充滿飽足感的美味點心。

磧燥做粄脆

粄脆與芋頭籤
等料攪打成糰

不分閩客一起做
芋粄 / 芋粿巧

捏好的形狀

蒸熟的芋粄

艾粄（海陸音 ngieˇ banˇ）

　　春天艾草嫩葉長得特別茂盛之際，是客家人自過年元宵到清明前掛紙（掃墓）吃艾粄的時節。彭月英每年此時都會在她的菜園中採收艾草，在社區跟女兒或好友們一起打艾粄。

　　彭月英的做法相當傳統，挨粄（磨米漿）、做粄脆。採收艾草、洗淨蒸煮瀝出草汁。將草汁與粄脆揉合成青綠色粄糰作為包餡的外皮。餡料備有蘿蔔乾絲、油蔥酥、蝦米、蝦皮、香菇及豬肉絲，以大鍋炒熟。自粄糰捏取一小塊擀成皮後包覆餡料塑形成包子糰狀，將完成的一顆顆小粄糰置於蒸籠蒸煮，色澤呈翠綠深透即告完成。其艾草粄皮揉合蘿蔔乾絲味道特別清香，入口不膩，口感質柔有韌性。每逢這段時間，在電光社區或是臺東的市場都可吃到他們做的艾粄。

挨粄（磨米漿）

磧燥做粄脆

採收的艾草整理中

備好的餡料

粄皮揉捏包餡

包好的艾粄

蒸熟的艾粄

171

尋味：客家日常味緒

醃漬：酸筍、酸菜

正在醃竹筍的劉碧珠（人稱蘇媽媽）

經過鹽醃撕好的筍絲

經過鹽醃的芥菜

裝瓶的酸筍和酸菜

將醃好的酸菜裝瓶

煲湯：羊奶埔雞湯、酸筍雞湯

唐茂興挖取自山上移植下來的羊奶埔

種在自家後院的羊奶埔（又稱天仙果）

廣興聚落的大家幫忙將羊奶埔的根莖枝條削成片

將削好的樹片進灶頭大鍋滾煮

煲好的羊奶埔雞湯

劉碧珠煲酸筍雞湯

融合多元節慶的家鄉味

三色粽。

三色粽，為中國廣西地區瑤族過年過節的傳統料理彩色糯米飯和年粽的結合。居住在 Kaadaadaan（電光）的鄧氏鳳，來自中國廣西，本身是瑤族人，擅於農藝，擁有料理好手藝，因為思念家鄉，而做出許多家鄉的好味道。

　　彩色糯米飯，瑤話稱「Nangw Saangl」，漢語諧音為「囊嗓」，為植物染色的米飯，有的做三色，也有的做五色，有五穀豐收之意，是過年過節用來祭祀先祖的供品，也是招待客人的食物，在廣西、雲南、貴州等地區壯、苗、瑤、布依等民族村落裡，都有做彩色糯米飯的傳統。不同地區和族群所使用的植物染色皆不同，鄧氏鳳家採用的是紅（紅藍草）、黃（薑黃）、黑（楓香）三種植物的顏色所製作。

　　粽子，在廣西以粵語稱「粽粑」，為多數人講法。瑤族的粽粑也是在過年過節時製作，以山上的竹葉包覆糯米和豬肉為主，用細竹條捆成長方形狀。鄧氏鳳家的版本除了豬肉外，還有紅豆、芝麻、生薑等餡料。在 Kaadaadaan（電光），鄧氏鳳結合兩種來自家鄉的節慶料理，將三色糯米飯包入粽子，是為三色粽。

做出廣西家鄉好味道的鄧氏鳳

鄧氏鳳

　　鄧氏鳳，1980 年生，於中國廣西省防城港一帶出生，瑤族人。家中種有茶葉六毛地，父母親除了一年一期摘茶葉給茶廠收外，仍需經常外出打工養家。由於鄧氏鳳排行老大，自小便肩負起照顧弟妹的責任，在家不僅負責煮食做飯、整理家務，也需出外分擔農事，因而練就勤奮俐落的身手。鄧氏鳳年少時即離開家鄉前往廣東城市工作。她初期擔任工廠作業員，後來則和朋友合夥經營美髮院，生意十

分興隆。因為工作的關係，2012 年結識了當時在廣東經營畜牧事業的卓宏昇，來自臺東 Kaadaadaan (電光) 部落的阿美族人。雙方後來結為連理，組織家庭。而鄧氏鳳因為夫家家中長輩需要照顧，因此決定偕同回到臺灣，偶爾兩地來回。在接連孩子出生後，便定居下來。

初來臺灣的鄧氏鳳，生活上適應不易，也由於吃不慣當地的口味，而極度想念家鄉的味道。她曾說過，最特別想念的，是酸菜的那股氣味與滋味，那是母親的味道。她於是開始重拾記憶中的味道，經常無時不刻跟母親通電話時聊到料理。漸漸地，她將思念遠方的家鄉味道轉化成一道道口味獨特的菜餚，無論是家鄉拜年的供品、節慶料理或是日常醃漬，年粽、涼粽、三色飯、涼糕、酸菜、醃筍等。同時，也為了能做出這些料理而於家中菜園種下不少傳統作物及染材，成為聚落中獨特的食材風景。

padatengan
自家田圃

　　鄧氏鳳為了能方便取用做家鄉料理的食材，在自家的園子裡紛紛種上不少作物或植物，如染色用的植物紅藍草、薑黃、香蘭葉，或釀酒用的葡萄，或是木薯、蘿蔔等根莖作物。特別是木薯，其為廣西瑤族普遍使用的主食，亦可應用於各式料理，例如木薯涼糕、木薯甜湯、薯圓等。鄧氏鳳會將其收成乾燥後磨粉保存使用。此外，有些家鄉料理才有的香氣，鄧氏鳳也會為了料理使用，種上來自家鄉的香菜 (類似九層塔葉)，和辣椒一起拌做涼拌菜，也可配生魚片或用來炒牛肉。另外也會種上包粽用葉的竹子，取自當地野生竹種，因其具有特定的香氣。

家中的菜園

廣西粽葉用的竹種

包粽用的竹葉

採收自種的蘿蔔

木薯田

採收的木薯

磨好的木薯粉保存使用

三色粽

鄧氏鳳家在廣西當地會食用的三色粽，粽葉為當地的野生竹種有其特定的香氣，而作為內餡的糯米需使用植物染材分別煮染後再填入，由紅藍草、薑黃、楓香葉堆疊出的紅、黃、黑三色，代表了瑤族的節慶意義，植物草汁本身亦有藥用特性。

粽子分鹹甜兩種，鹹粽包有內餡：切丁豬肉加鹽、細絲生薑、芝麻、以及泡過一晚的紅豆，混合為染色的生糯米包覆，以削細之竹條 (約 0.5 公分寬，長度要夠長) 綑綁粽葉同蒸；甜的則不包餡，蒸完後直接沾白糖或蜂蜜食用。傳統為長方形包法，鹹甜綁法不同，以前只有過年 (春節)、清明和七月半一年 3 次節日才能做，但現在已不分。鄧氏鳳說，家鄉過年寒冷的時候，粽子如不即食容易冷硬，他們也會切片油煎，香香脆脆也好吃。

廣西粽外形，長 25 公分，寬 5 公分

拆開粽葉的粽肉內含紅豆、豬肉、芝麻

當天有傳統廣西粽、雙色粽、客家
米粽、A vai（阿粞）

記錄的當天，恰逢端午節前兩天，Kaadaadaan（電光）社區客家媽媽們習慣一起包粽子，便邀請鄧氏鳳一同分享三色粽料理。鄧氏鳳原先欲做不包餡的甜粽版本，但後來加入客家粽的餡料，創造新口味。此外由於季節問題無楓香葉可使用，故只示範了兩種顏色染色，成為臺灣版本的雙色粽。

其他做此料理需要注意的是，由於是全部生的食材水煮，若柴燒需要煮上3到4小時才能熟透，此外一顆粽子通常要用掉5條粽葉，定要綁緊紮實，長久時間煮下來才不易散開。

食材

粽葉　約20片一綑，3綑
紅藍草　約400克
薑黃粉　約600克
圓糯米　3升

粽葉

薑黃粉

紅藍草

食材

| 原鹹粽版本餡料

紅豆、生薑、豬肉、芝麻、鹽巴

| 此次版本餡料（客家米粽之炒料）

豬肉、蘿蔔乾、豆乾、魷魚乾、油蔥酥、

鹽巴、醬油、白胡椒粉

器具

鋼盆4個　快速爐　瓦斯　鍋鏟　剪刀

棉繩　碗　湯匙　紗布或濾網

客家米粽炒料

料理步驟

1_
前一日，糯米泡水，
修剪粽葉（剪去頭
尾、葉背硬梗）

2_ 煮水將粽葉燙過殺青後，
撈起洗淨瀝乾備用。

3_

煮水放入紅藍草，
待煮出顏色後關
火；薑黃粉用熱水
泡開攪散均勻成一
壺薑黃粉水，約
1,200CC。

薑黃粉水以紗布過濾出黃色汁水泡糯米

4_

將已泡水圓糯米分成兩個鋼盆，取紗布過
濾紅藍草水倒入鋼盆，薑黃粉水亦需過濾，
皆為熱泡約半小時至 40 分鐘。

將紅藍葉以濾網過濾出紅色
汁水後泡糯米

糯米泡約半小時呈紅色

糯米泡半小時後呈黃色

紅黃色糯米瀝乾

5_ 取 5 片粽葉層疊成一小長條置於手掌上，兩鋼盆染色米
各取一匙至兩匙不等置於正中間粽葉上。

放上餡料

再鋪放一層糯米

6_ 原鹹粽版本，應加入前一晚泡水的紅豆、生薑細
絲、加鹽的豬肉切丁塊，以及磨碎的芝麻。此次
則使用客家米粽的炒料，有切丁之豬肉、蘿蔔乾、
豆乾、魷魚乾、油蔥酥以鹽、醬油、白胡椒粉調
味炒過。將之鋪放於米粒上。

兩邊小心合起粽葉　　　　　再折起粽底葉端把米集中　　　再把另一端折合

7_ 慢慢攏合不讓米粒漏出，將頭端折起把米敲拍至底，尾端再折起完全包
覆成長條密封狀，將之壓制並取棉線。

8_

由於臺灣的粽用棉線長度不
夠，需兩條接成一條。在粽子
頭端綁起打結，再慢慢沿粽身
固定等長綁圈，至粽尾端再打
一結完畢。

在粽身前端打結開始綁　　　沿長長粽身綁至底收尾

9_ 綁完的長粽呈頭尾略尖，粽身圓胖如枕頭狀的長
條粽。將之下水大火煮 3 小時，過程中適時添水，
讓長粽保持在滾水面線下。

10_ 3 小時後撈起，即告完成。

粽子綁妥樣

大火煮三小時起鍋　　　　　打開粽葉，粽肉呈雙色貌

三色飯新演繹 — 雙色壽司

　　春夏做給孩子愛吃的壽司，妝點來自家鄉傳統三色飯中的紅黃二色，多彩美麗更添食欲。

紅黃色米平鋪於芭蕉葉上以蒸籠蒸熟

備壽司料：蛋皮、小黃瓜、胡蘿蔔、火腿切條

蒸熟的米飯鋪放於海苔紙上，並將料整齊鋪放其上。

捲捏海苔紙成圓筒狀

以刀切段，使每塊壽司平切面均勻呈現食材組合，即告完成。

另一種思鄉的滋味—蘿蔔葉酸菜

　　鄧氏鳳剛來臺灣的時候，最想念這道蘿蔔葉酸菜，因為是媽媽的味道。雖說這裡有芥菜醃的酸菜，但酸味和香氣畢竟不同。她說，家鄉的味道有種濃厚的酸香氣，不知如何形容。做法上主要是放少量的鹽讓蘿蔔及蘿蔔葉留住原本酸的特質，卻不做成鹹菜，而是不過鹹可直接吃的程度。醃好的蘿蔔酸菜可以用來炒菜，也可煮湯，像是和鴨肉一起煮湯的酸菜鴨湯。

　　醃製所使用的蘿蔔來自自種的菜園。蘿蔔通常為關山地區在水稻秋收後栽植的綠肥作物，有梅花、金茭品種，白玉也有但較少。每年冬天 1 月份為其盛產期，家家戶戶也會做著跟蘿蔔有關的料理，如這裡的客家人也會曬蘿蔔，做蘿蔔乾，甚至醃製陳年老蘿蔔乾，應用於湯品、燉品各種料理上，或醃新鮮蘿蔔，作為偏甜的開胃菜。倒是蘿蔔葉未曾被使用來醃製，鄧氏鳳帶入家鄉的飲食習慣，讓食材本身有多加充份利用的價值。

食材 ——
蘿蔔
鹽巴

器具 ——
刨絲器
塑膠盆
刀
砧板
煮鍋
快速爐

料理步驟

1_

蘿蔔殺青：先將白蘿蔔削絲，水以大火煮開後，放入蘿蔔
葉燙一下便起鍋。

2_

將燙過的蘿蔔葉連接蘿蔔頭
的部位切除。此處味道較為
辛辣微苦，但也有老人家會
將之保留。

3_

將蘿蔔葉切段,與蘿蔔絲混合後放入鹽巴拌勻,不用太多,憑經驗與個人口為需要而定。(主要取酸,而非做成鹹菜)

5_

填壓的蘿蔔絲、葉含水不去除,可保持其鮮綠的顏色,但之後需開罐讓溢出的水流掉。也有人在裝罐前先將水份去除,包括用石頭重壓去除水份。

4_

將拌好的蘿蔔絲、蘿蔔葉放入備好的塑膠瓶中,持續壓入填滿。

6_

封蓋即完成,靜置陰涼處3天後即可食用。

家鄉味點心

｜廣西酸菜（醃芥菜）

每次想吃就取出一點切塊，可當零食吃，
或配飯開胃小菜，也可炒肉煮湯用。

裝瓶長時間保存的醃酸菜

也是孩子們的點心

｜地瓜餅

炸地瓜球泥

餅乾夾地瓜泥灑上白芝麻即成地
瓜餅

剛栽種的木薯田

採收的木薯削皮切塊

木薯涼糕

磨好的木薯粉

木薯粉加水加黑糖煮

三種顏色的粉漿入模蒸，冷卻後切
塊，即成三色糕

木薯粉加水加香蘭葉汁煮

木薯粉加水

食在 · 一起

Kaadaadaan 飲食記憶誌

主　　編｜ 林慧珍

文　　字｜ 林慧珍、潘寶瑩、涂裕苓、吳紀昀

攝　　影｜ 潘寶瑩、黃瀚、鄭丞志、涂裕苓、吳紀昀、林慧珍

族語翻譯｜ 張萬生

內容提供｜ 曾才德、陳辛妹、張萬生、吳正福、彭月英、高美麗、黃久娘、
黃春英、林作楨、潘寶瑩、鄧氏鳳 (按長幼排序)

美術設計｜ 莊詠婷

發 行 人｜ 葉淑綾

總 策 劃｜ 林慧珍、潘寶瑩

出版單位｜ 財團法人東台灣研究會文化藝術基金會
臺東縣關山鎮電光社區發展協會

協同單位｜ 國立臺北藝術大學藝術社會實踐中心

地　　址｜ (950) 臺東市豐榮路 259 號 1 樓

電　　話｜ 089-347660

出版日期｜ 2022 年 6 月初版

定　　價　　新臺幣350元

國家圖書館出版品預行編目 (CIP) 資料

食在·一起 : kaadaadaan 電光飲食記憶誌 / 林慧珍 , 潘寶瑩 , 涂裕苓 , 吳紀昀文字 -- 初版 . --
臺東縣臺東市 : 財團法人東台灣研究會文化藝術基金會 , 關山鎮電光社區發展協會 , 2022.06
ISBN 978-986-90645-8-3 (平裝)

1. 人文地理　2. 飲食風俗　3. 臺東縣關山鎮

733.9/139..9/129.4　　　　　111009538